ARISTO ?

Valentine de Ganay

ARISTO ?

JC Lattès

Maquette de couverture : atelier Didier Thimonier
Photo de couverture : © Laura Resen

ISBN : 978-2-7096-3797-8

© 2013, éditions Jean-Claude Lattès.
  Première édition mars 2013.

« Notre époque et celle de l'avarice subjective généralisée et les conditions du vivre ensemble se résument à un contrat d'inhibitions réciproques. »

Philippe Sollers

BOUQUET

Green

Voici des fruits, des fleurs, des feuilles et des branches
Et puis voici mon cœur qui ne bat que pour vous.
Ne le déchirez pas avec vos deux mains blanches
Et qu'à vos yeux si beaux l'humble présent soit doux.

Pourquoi Verlaine a-t-il commencé son poème par un mot anglais ?

Moi, je dois faire attention quand je parle, ne pas trop mélanger les langues, car j'ai déjà un accent en français qui fait qu'on me demande souvent d'où je viens. Le compositeur Reynaldo Hahn a intitulé le poème de Verlaine qu'il a mis en musique : « Offrande »…

Lorsque j'ai fait la couverture de l'*Observer* il y a déjà quelques décennies, ce journal anglais qui sort le week-end, j'étais moi-même un bouquet. Miss Bloo, ma gouvernante, m'avait coiffée. Nattes relevées en bandeau et piquées de toutes les fleurs du printemps : coucous, *forget-me-nots*, pâquerettes et deux barrettes avec des coccinelles en plastique. Taches de rousseur à la Fifi Brindacier. Sourire très jeune fille. Expression vaguement interrogatrice en direction du photographe. Mon portrait était détouré dans un cadre ovale, un médaillon style musée de la Vie romantique. Dans le cartouche, on pouvait lire : « *Countess Valentine de Ganay, aged 14.* »

Quelle blague ! Une blague qui prouvait cependant deux choses. La première : les journalistes racontent en général n'importe quoi ; la seconde : les sociétés anglaise et française ne sont pas du tout organisées de la même façon. En France, les femmes n'héritent pas des titres de leurs parents et doivent épouser des princes ou des marquis si elles tiennent à être dotées de ces colifichets. L'Angleterre, elle, est moins misogyne en ce qui concerne la transmission des titres puisqu'elle passe aussi par les femmes – cet usage est peut-être dû au fait que les Anglais savent que dans leur pays, le rapport entre les hommes et les femmes est encore plus problématique qu'ailleurs.

Je n'ai jamais eu un *titre* et, tel que c'est parti, aucun ne risque de m'échoir. Quel soulagement ! Mais aux yeux de ces journalistes qui avaient réalisé un article sur l'aristocratie en Europe – différentes familles dans différents pays –, j'étais, à défaut d'être vraiment jolie, plus intéressante ainsi présentée ; en tout cas, j'étais déjà un beau parti car, n'est-ce pas, dans ce milieu comme en Afrique noire, on les marie à peine pubères. Par la grâce de ce titre non seulement fictif, mais en Angleterre comme ailleurs obsolète, je devenais un sujet d'actualité. Où était le drame ? Le crime sensationnel ? Il était sous-entendu dans le rapprochement du titre et du nombre : deux fois seulement l'âge de raison et déjà comtesse, lourde fatalité. Le plus étonnant, c'est qu'à l'image, sur cette photo, je n'ai pas l'air de me rendre compte. On dirait plutôt que j'entends des voix, des voix venues des bois où j'ai cueilli ces fleurs qui sont dans mes cheveux, et je souris à mon destin.

Des myosotis, en anglais : *forget-me-nots*... J'aimerais pouvoir les mélanger à des perce-neige, mais ces derniers fleurissent avant, pour vous les offrir en un bouquet que vous ne pourriez acheter chez le fleuriste. Je pourrais y ajouter des bergenias, ces saxifrages aux fleurs roses extrêmement précoces. Cela ferait comme un drapeau français végétal, mais surtout apaisé : turquoise, blanc, rose.

Les comtesses savent faire des bouquets. Il n'est pas dit qu'elles savent faire beaucoup d'autres choses.

J'ai un titre : *Aristo ?* mais ne suis pas encore sûre de la manière dont je vais signer.

Mon prénom et le nom de l'homme que j'ai choisi d'épouser ? Ce même prénom et le nom de mon père, c'est-à-dire mon nom d'aristo qui est également mon nom de jeune fille ? Ou, troisième possibilité, j'invente un personnage qui serait l'auteur, je le dote d'un nom de plume et nous verrons bien où ça nous mène.

Un bouquet de fleurs, qui ne seront pas nécessairement de saison, et d'*intentions*. Non pour que vous priiez pour moi, pour mon salut, mais afin que je me rappelle mes motivations, pour commencer.

Cela fait longtemps que j'ai commencé à écrire. Ceux qui me veulent du bien ne comprennent pas pourquoi je m'accroche à ces histoires qui existaient avant moi et qui n'intéressent pas les éditeurs de littérature contemporaine. Je rétorque en répétant que je dois débuter par là, par ça…

Première *intention* : j'écris ce livre parce que je ne veux pas avoir été seulement une fille de famille et puis une mère de famille.

Des fleurs et des branches pour vous ouvrir l'appétit. Il n'est pas exclu que je veuille être mangée par vous et que, de moi, il ne reste rien. Cette envie que j'ai d'être dévorée par vous est-elle à mettre en rapport avec cette phrase dont j'ai toujours senti la justesse : « Les aristocrates sont tous des suicidés potentiels » ? Cette phrase-là, je la glisse dans mon bouquet comme un petit poignard, une lame féminine et discrète, je vais vous montrer qu'elle n'a rien d'excessif, c'est ma deuxième *intention*.

Cette phrase est-elle sortie de la bouche de Talleyrand ou de Gombrowicz ? Je ne sais plus.

Talleyrand qui, au début du XIXe siècle, quelques années donc après la Révolution, c'est-à-dire hier, disait des aristocrates émigrés qu'ils n'avaient rien oublié, et rien appris. J'en ai rencontré certains qui connaissaient leur histoire, savaient d'où ils venaient, de quel arbre ils descendaient, mais ils m'ont rarement donné l'impression d'avoir compris quelque chose qui pourrait personnellement les concerner, réellement les inspirer. Et puis il y a ceux qui veulent faire croire qu'ils n'ont pas besoin du passé, mais la manière dont ils se tiennent dans le présent ou se projettent dans l'avenir me paraît être le résultat d'un *déplacement enterré*.

Gombrowicz, j'ai le sentiment d'être du même sang que lui quand il avoue qu'il aime se comporter en bourgeois chez les artistes et faire l'artiste chez les bourgeois. Gombrowicz, écrivain cosmopolite et petite pointure d'aristocrate du Vieux Monde et même des confins de la *Mitteleuropea*.

Quant à moi, je ne suis pas sûre de ce que j'ai appris. J'ai vécu, mené quelques expériences et il n'est pas dans ma nature d'entretenir les souvenirs.

Une fleur d'iris est une composition à elle toute seule, à présenter dans un uniflore. Ostensoir aussi mordoré qu'évidé en son centre. Une fleur de lys qui aurait muté génétiquement, dont les pétales se seraient cambrés à outrance. Plus du tout immaculée et même, qui présente des *barbes* soyeuses. Or et violet. Les Grecs considéraient la fleur d'iris comme celle qui communiquait les messages des dieux. Iris est le prénom de ma deuxième fille.

Ma mère peignait des bouquets. Ceux qu'elle avait composés. À l'aquarelle. Ainsi, elle assurait leur durée. Adolescente, j'aimais bien, moi aussi, peindre *sur le motif.* Aujourd'hui, j'entends les deux significations du mot. Quelles sont mes motivations ? Quel a été le mobile du crime ?

Quand j'ai commencé à écrire, maman a regretté que je cesse de cultiver ce petit talent. Qu'est-ce que j'allais bien pouvoir trouver à raconter ? N'étais-je pas bien dans ce jardin ?

Troisième *intention.* J'écris ce livre aussi afin de me débarrasser du personnage que j'ai dû inventer pour circuler, pour aller voir ailleurs. Ce personnage qui me fatigue et pourrait me faire oublier que pour écrire, il serait temps que je disparaisse.

Ma mère vieillissait. Elle n'avait plus la force de faire des bouquets pour égayer les salons. Sans même demander et en plus de ce qu'elle avait déjà à faire, la cuisine, le linge et le ménage, Marella, une petite femme aux grands pouvoirs, les composa à sa place en beaucoup moins de temps et en démontrant un talent encore supérieur. Elle semblait n'avoir rien fait, les feuilles, les fleurs et quelquefois des branches s'étaient mises en place toutes seules.

— Heureusement que Marella a bon goût, fit remarquer ma mère.

Si les bouquets faits par la cuisinière avaient été laids, il eût été difficile de lui demander de ne plus les faire et d'autant que c'était elle qui s'était proposée. Maman voulait qu'on crût à une suprématie des lois du cœur. Je suis sûre que si les bouquets de Marella avaient été laids ou pire, *communs*, on aurait su comment la prier de ne plus se donner ce mal.

Les bouquets de Marella sont merveilleux mais quel est ce bon goût que ma mère voulait voir comme une qualité innée ? Cette manière qu'elle a de faire les bouquets, Marella l'a héritée de sa patronne.

Je n'ai aucune difficulté à imaginer quelqu'un dire : je hais les fleurs et que des bouquets puissent être jolis ou moches m'indiffère.

L'été, la mère de mon père accueillait dans les communs du château des personnes seules ou des familles qui habitaient la région parisienne et n'avaient pas les moyens de partir en vacances. Je m'occupais d'une vieille dame qui s'appelait Mme Bourgeois.

J'aimais lui apporter des roses qui s'appelaient *Peace*, à l'unité. Une fleur aussi grosse qu'un pamplemousse, couleur beurre demi-sel, aux pétales ourlés de rose, sans parfum hélas mais hormis ce défaut, *la* rose, à la fois triomphale et féminine, abondante et modeste. Mme Bourgeois n'avait pas de vase dans son logement, elle fichait ma fleur dans une petite carafe qu'elle posait sur sa table de chevet ou au milieu de la pièce à vivre. *Peace*, dans ce meublé, me paraissait très... juste. Et je dirais même : à sa place. La simplicité du décor mettait en valeur la somptuosité de cette rose. *Peace* irradiait cet intérieur modeste et sans brillances d'une lumière miraculeuse qui transfigurait doucement, de l'intérieur, le parquet non ciré, le papier peint fané.

ENFANCES

Je dors encore dans les bras d'un amant quand le téléphone sonne. Christian Bourgois. Pendant quelques secondes, je ne sais plus qui c'est.

J'avais déposé un manuscrit des mois plus tôt, je n'attendais plus de réponse. Il s'excuse pour ce délai, aimerait me rencontrer. Il me donne rendez-vous dans son bureau, place Saint-Sulpice. Que celui qui vient de publier *Les Versets sataniques*, qui encourt désormais une *fatwa* de la part des intégristes musulmans et dont la maison d'édition est gardée par des agents de sécurité aux physiques dissuasifs, puisse s'intéresser à moi me trouble. Fait-il encore une fois preuve de courage ?

Christian Bourgois est le premier éditeur dont j'ai fait la connaissance.

Je ne suis pas encore assise, j'ai seulement ôté un gant pour lui serrer la pince – un long gant vert épinard qui a appartenu à ma nounou, elle mettait des gants à l'époque où elle travaillait pour une grande famille espagnole afin de protéger sa peau du soleil, elle me les a tous donnés car aujourd'hui, mettre des gants ne se fait plus et ils sont d'une qualité qui n'existe plus –, je les ai enfilés pour faire grande dame ET, en même temps, cabaret. Pourquoi des longs gants vert épinard pour mon premier rendez-vous avec un éditeur ? Pour ne pas me salir les mains ? Pour que je puisse mettre *mon* beurre dans *mes* épinards ?

Je n'en ai encore retiré qu'un, Christian Bourgois me demande :

— Qui êtes-vous par rapport à Machine de Machin ? Je jouais avec elle sur la plage à Biarritz quand j'étais petit.

J'essaie de faire court.

— Machine de Machin était la première femme d'un des frères de mon père.

Beaucoup de gens disaient d'elle : la plus belle de sa génération, sans jamais préciser : d'un certain milieu. Moi, je dirais : une pin-up de la haute. Je n'ai pas eu envie d'encourager Christian Bourgois à développer ses souvenirs, à poursuivre dans cette direction infantile. Enfin, il me parle de ce que je lui ai donné à lire.

— Votre roman a des qualités, mais il mêle deux ingrédients et l'un m'intéresse plus que l'autre. Des histoires de cœur, vos aventures et un point de vue original sur la société, pas courant. Tout le monde, n'importe qui peut raconter ses aventures. Mais une perception de la société, c'est plus rare, pas donné à tout le monde !

Je saisis mal ce qu'il souhaite. J'ai l'impression que ni mon personnage, ni mon roman ne l'intéressent vraiment, qu'il désire autre chose et ne me le dit pas. Christian Bourgois ne m'a donné aucun conseil précis.

Je l'ai quitté en promettant de lui faire signe la prochaine fois que mon ex-tante viendrait chez nous à la campagne.

Ce n'est pas chez Christian Bourgois que mon ex-tante a publié *Je suis née un dimanche*, ses mémoires de pin-up de la haute. Et j'ai un doute : quand ils étaient petits, je ne suis pas sûre qu'elle voulait jouer sur la plage avec lui. Quand son livre est sorti et pas dans sa maison d'édition, il a dû se sentir snobé une deuxième fois. La manière dont, quand il m'a rencontrée, Christian Bourgois a voulu se placer dans je ne sais quelle famille, m'a paru follement, invraisemblablement *bourgeoise*.

À chaque fois que j'écris le nom de ce grand éditeur, j'hésite une seconde : avec un e ou sans ?

Christian Bourgois a été amoureux de Machine de Machin.

Mme Bourgeois, la vieille dame que ma grand-mère recueillait dans les communs, était amoureuse de mon père. Mme Bourgeois le comparait à l'empereur François-Joseph. Les favoris, probablement. Dans les années soixante-dix, il s'est laissé pousser de vraies côtelettes qui mettaient en valeur un sourire de séducteur, qu'il n'était pas.

Mon père ressemble au Burt Lancaster du *Guépard.*

Chacune son fantasme.

Et alors, pourquoi pas chacun son fantasme ?

Dans un des nombreux albums « collés » par ma mère pour témoigner à tous que nous avions une vie, une photo montre mon père accroupi aux pieds d'une petite fille. Ils se trouvent au bord du Miroir, la grande étendue d'eau qui s'étend devant le château, il est de profil et la regarde avec un sourire mi-attendri, mi-perplexe, elle se présente face à l'objectif, elle arbore un maillot de bain avec une marguerite en éponge qui se déploie sur sa poitrine comme un soleil levant, elle aussi fait seulement un demi-sourire, elle n'est pas sûre de vouloir être montrée comme son petit soleil ou un astre à venir.

AUTRE BOUQUET

Delphiniums érectiles bleu roi ou bleu des mers du sud aux étamines encroûtées de rimmel blanc, faux cils de travestis, ils jailliraient d'entre des feuilles d'arums, lisses ces cornets, et fermes. Et verts. Muscles sous une peau épilée et rafraîchie. Flèches dans un carquois. Ce qui est joli dans un bouquet, c'est le mélange, mais sans plus vous faire attendre, je vous livre ma recette : que le *green* soit l'ingrédient majeur, toujours.

J'aurais dû être un garçon. Je suis seulement la quatrième fille. À vingt-trois ans, ma mère en avait déjà trois. Accident, dernier essai, je ne sais pas, je nais quinze ans après cette salve. Ma mère n'avait pas envisagé la possibilité d'une quatrième.

Orné d'un ruban azur qui court entre des tiges de saule peintes, un berceau en rotin couleur os m'attend. Le même ruban de plus petite largeur apparaît et disparaît autour d'une taie d'oreiller en dentelle anglaise. Me faire dormir là-dedans n'est pas concevable. C'est pourquoi j'ai passé les premières nuits de ma vie dans un tiroir – et les premières journées aussi –, un tiroir, j'ose l'espérer, un peu capitonné dans le bureau de mon père.

Qui raconte cette histoire ? Moi ou ma mère ?

Une version un peu différente circule également. Tandis qu'on prépare ma chambre, je suis confiée à la garde de mon père, qui est en train de lire son journal. Sa jambe pliée et posée sur le genou forme un chevalet, et dans ce triangle vide, le bébé remplace provisoirement le journal. Quand maman vient me chercher, il déclare n'avoir aucune idée d'où je peux être. Il vient de me cacher dans le tiroir de son bureau, il fait une blague à sa femme. Qui s'est inquiétée quelques courts instants.

Quand je suis née, ma mère n'a pas eu très envie de me prendre dans ses bras, elle a été déprimée plusieurs mois. Je peux comprendre qu'elle ne voulût pas une quatrième fille, mais cela comptait-il donc tellement de donner à son époux un garçon à qui transmettre son nom (et son titre) ?

Mon père, lui, s'est réjoui du fait que le nouveau-né était en bonne santé.

Ces histoires de tiroirs ont déformé ma perception des choses.

Avant de l'épouser, ma mère s'appelait Philippine de Noailles de Mouchy de Poix. Je retranscris certains noms parce qu'ils sont déjà écrits dans l'Histoire de France. C'est, n'est-ce pas, ce qu'on appelle un nom *à tiroirs*.

Le mariage ne fut pas une affaire évidente. Davantage d'Histoire de France d'un côté, davantage d'argent de l'autre. Sur son passeport, le nom de mon père apparaît à la suite de ses trois noms de jeune fille, à la fin. Quand elle signe, elle garde un seul de ces noms anciens et fait sauter la particule entre celui-là et le nom de son mari, comme pour mieux sceller leur destin. Si elle doit épeler son nom, dans une administration ou dans une boutique, au lieu de dire « plus loin » après le « de », ce qui pourrait paraître prétentieux, ou « en deux mots », ce qui fait maîtresse d'école, elle lance souvent « *de* comme dans pomme *de* terre ». Que cette dame aux cheveux blancs bouclés, avec des perles autour du cou, un twin-set et des mocassins italiens parle de pomme de terre surprend ceux qui ont prêté l'oreille.

(Il paraît qu'à une époque, le club de la Pomme de Terre était une institution presque aussi chic que le Jockey.)

À propos de ces noms, Philippine de Noailles de Mouchy de Poix de Ganay aime rapporter ce qui lui était arrivé un jour de printemps où elle dut se rendre au commissariat avec sa sœur. Elles parcouraient de nombreux kilomètres en voiture afin d'organiser des voyages pour les Amateurs de Jardins – à une époque où un grand nombre de jardins n'étaient pas encore ouverts au public. Le savoir-vivre comprend dans ce milieu l'art des jardins. Elles tombèrent en panne sur l'autoroute et durent faire appel aux forces de l'ordre. Au commissariat, on leur demanda de décliner leur identité.

— Philippine de Noailles de Mouchy de Poix de Ganay, déclara tranquillement ma mère.

Le jeune agent qui enregistre, lève la tête et lance :

— C'est français, ça ?!

Maman raconte cette anecdote à mes amis en affichant un sourire indulgent et presque maternel.

SOCIO-STYLES

Les petites filles des familles aisées du XVIᵉ arrondissement allaient au cours Victor Hugo. Une des fiertés de cette institution était de pouvoir proposer des leçons de danse sous l'autorité d'une ancienne étoile de la compagnie du marquis de Cuevas – le *marquis* de Cuevas. Un cours dans le quartier où presque uniquement des filles de Victor Hugo apprenaient à danser.

Pour une fois, maman m'avait accompagnée. D'habitude, c'était Miss Bloo, ma nounou. Non pour s'assurer que sa fille faisait des progrès mais pour constater qu'elle était gracieuse. En tout cas, elle était très souple, elle levait la jambe plus haut que les autres, sans efforts, et tombait dans la position du grand écart en souriant.

Dans les vestiaires, ça ne sentait pas la transpiration, les filles étaient encore petites, mais l'espace était réduit. Une mère aidait la sienne à enfiler d'autres collants pour sortir dans la rue. Elle portait une jupe-culotte bleu marine, des mocassins, une chemisette à manches courtes en liberty et un bandeau en velours. Nous, les enfants, revêtions un uniforme. Des gamines très *blanc-bleu*. On nous expliquait que cela servait à gommer les différences. Cela en incitait plus d'une à surenchérir, à trouver des signes distinctifs bleus ou blancs, et même argent ou or, puisque le règlement n'interdisait pas expressément ces couleurs.

Cette fille n'était pas mon amie, elle n'était pas antipathique, seulement réservée, méfiante et légère-ment moustachue.

Elle attachait ses cheveux dans une barrette en fausse écaille avec un mécanisme compliqué. Elle n'avait pas encore de poils sous les bras mais des jambes velues de petite bête qui court dans les bois, une chemise Lacoste crème ou plus exactement un polo type Lacoste mais sans le crocodile.

Nos mères se sourient. Elles ne sont pas amies mais *se situent*. Sous le marronnier dans la cour, la mienne me confie avec un sourire entendu :

— Très *gratin*.

Première fois que j'entends ce terme en dehors de la salle à manger. Une des choses que je déteste le plus au monde : les endives farcies au jambon, noyées dans une béchamel et gratinées. Je n'imagine pas ce que peut vouloir dire ce nom commun devenu adjectif qualificatif. Pour me faire oublier la nuance de mépris que recèle sa remarque, maman ajoute :

— Des gens très bien. Papa et moi les croisons tous les ans à Lourdes.

Je n'ai pas su davantage que faire de sa deuxième déclaration.

L'eau miraculeuse et le fromage fondu font un mélange qui me tombe sur l'estomac.

Quand ils étaient plus jeunes, mes parents allaient régulièrement à Lourdes. Brancardiers à particules, étaient-ils plus solides que les autres croyants ?

Dans le *gratin*, les mères s'habillent comme les filles à moins que ce ne soit le contraire.

Maintenant, quand j'entends le mot *gratin* ailleurs qu'aux abords d'une cuisine, j'imagine une personne très pratiquante et pas sexy. La jeune moustachue avait en effet un nombre rare de frères et sœurs.

La *jet-set* n'attirait pas ma mère davantage. Elle préférait parler de la *cafe society*. Un, c'était plus dur à prononcer pour ceux qui n'étaient pas de parfaits anglophones, deux, l'expression était moins vulgaire du simple fait qu'elle était plus ancienne. On pouvait être charmée par la *cafe society*, en passant, provisoire-ment, pas sérieusement. Vous dites *cafe society* et tout de suite, vous dansez sur un rythme de jazz au bar du Ritz ou au Harry's Bar à Venise, vous voyagez, vous écoutez les chansons de Cole Porter, les histoires de

Hemingway avec Dominguin, vous sirotez des porto flip à Newport.

Quand ma mère feuillettait les magazines et voyait un des frères de mon père se déhancher sur une plage à Ibiza ou à Moustique, la chemise ouverte jusqu'à la ceinture, en nage, ou tout en blanc sur le pont du yacht d'un célèbre armateur, au milieu d'autres pareillement immaculés, elle hochait la tête et semblait avoir pitié.

Comment appelle-t-on les habitants de la *jet-set* ?

Quand, des années plus tard, j'ai entendu le terme *hardeur*, je me suis dit que l'usage de ce mot pouvait être élargi à beaucoup d'autres positions dans la vie.

Philippine de Noailles de Mouchy de Poix de Ganay aurait aimé aller un peu plus souvent sur des yachts ou à Venise mais avec son mari, mon père, elle passait le plus clair de son temps à la campagne. Elle avait épousé un *gentleman farmer* et à partir du 17 août, elle l'accompagnait en Écosse pour chasser la grouse. Elle enfilait des gros pulls et laçait des chaussures lourdes en songeant à ses amies presque nues quelque part au soleil, elle se consolait en lançant avec un sourire à qui voulait écouter :

— Les *moors*, toujours les *moors*…

Le *gratin* la dégoûte carrément. Comme moi.

Ma mère attache à ce groupe une absence de goût qui lui fait horreur ; elle méprise autant un bon goût

28

convenu ; le seul qui l'intéresse est celui qui appartient à quelqu'un.

— Il n'y a qu'à voir, donne-t-elle en exemple, les salons des châteaux français avec leurs meubles secs et tous en rond !

Elle préfère la fantaisie des aristocrates anglais. À cause de leur système d'héritage, un grand nombre d'entre eux sont très riches alors que le *gratin* français est souvent désargenté. Il faut peut-être disposer de moyens pour être original.

J'ai compris assez jeune que ma famille n'était ni *jet-set*, ni *gratin*. Mais qu'étions-nous alors ? On employait rarement le mot *aristocrate* et encore moins souvent le terme *noble*, ni le nom *commun*, ni l'adjectif. Bien pires que des gros mots. On ne pouvait pas commettre une faute de goût plus rédhibitoire.

Après s'être séparé de Machine de Machin, mon oncle avait pris pour femme une belle blonde très sympathique qu'on disait être une ex de chez Madame Claude. Ma mère et moi appréciions son souci de n'oublier personne, quand elle faisait la fête. Elle organisait des *parties* avec du champagne pour le personnel et, peut-être parce qu'elle n'avait pas d'enfant, se souciait du plaisir de ses jeunes invités comme si elle se devait de ne pas les décevoir.

À quel milieu appartenait cette Danoise cosmopolite qui s'est mariée trois fois ?

Elle avait été mannequin et se faisait offrir ou prêter des vêtements *couture*. Ses cheveux blancs plutôt que blond la faisaient ressembler à une vraie princesse des neiges.

Martin, le mari de ma sœur Marthe, fut très impressionné par elle lors d'un week-end de chasse en Écosse. Presque tous les hommes de ma famille se retrouvaient chez ce duc anglais. Certains disaient qu'en d'autres temps, elle avait été sa maîtresse à lui aussi. Le fut-elle à nouveau ce week-end-là ? Au moment de traverser les salons en direction de la salle à manger, mon beau-frère l'invita à passer devant lui ; elle fit en riant tournoyer sa jupe de gitane et il vit que sous les volants, elle était nue.

— Son sens de la fête m'a toujours paru très... sain ! m'avoua Martin.

Ma gentille tante blonde s'est jetée par la fenêtre de son appartement près de l'Étoile. Son troisième mari l'avait quittée, elle n'avait plus les moyens d'acheter les drogues qu'il lui fallait pour supporter la vacuité de ses journées, et quand elle parlait, on ne comprenait plus les mots qui sortaient de sa bouche artificiellement étirée et gonflée.

Peu avant ma rencontre avec Christian Bourgois, trois garçons que je connaissais publièrent un essai qui devint un best-seller : *Les Mouvements de mode expliqués aux parents*. L'un d'eux passa même à *Apostrophes*.

On allait tous régulièrement écouter des intellectuels de renom aux Hautes Études boulevard Raspail. Moi, j'y allais en auditrice libre, j'étais inscrite à la Sorbonne (j'avais été renvoyée à mi-année d'une classe d'hypokhâgne). On suivait les cours de Castoriadis ou Touraine, la sociologie était une nouvelle manière d'appréhender le monde.

Le livre de mes trois amis était abondamment illustré de silhouettes de bande dessinée. Tout était répertorié : le régime alimentaire, les références cinématographiques, les préférences sexuelles, les couleurs des vêtements, les types de coiffure. Les divisions, le classement étaient de plus en plus fins, un arbre généalogique à l'envers.

Quand j'ai lu *Les Mouvements de mode expliqués aux parents*, j'ai eu un choc parce que je me suis trouvée page 124, un portrait en mots et en images, un sous-sous type. Il n'y avait rien à ajouter, c'était tout moi, envisagée jusque dans les moindres détails. Tout ce que j'avais fait et tout ce que j'allais faire était, sinon prévu, du moins prévisible. Ce portrait me déprima durablement.

Mes amis ne parlaient pas des *aristocrates* parce que le terme n'avait plus cours et parce que le look *aristo* n'existait pas, mais ils repéraient les fils et les filles de famille – et plus souvent dans la grande bourgeoisie que chez les ouvriers –, et examinaient leurs habitudes et comportements. Ces fils ou ces filles de famille pouvaient être traditionalistes ou branchés, libertins ou engagés politiquement, se nourrissant macro ou sachant manier les stupéfiants, bouddhistes ou athées.

Ma catégorie, c'était *rebel without a cause*. À ce stade de subtilité – les mailles du filet se resserraient –, la sociologie se transformait en psychologie. Mes trois amis cadraient un caractère, les *rebel without a cause* pouvaient avoir des origines sociales diverses. Et dans certains cas, il pouvait s'agir d'une déviance et même d'une pathologie.

Ces garçons ont inventé la notion de *sociostyle*. Il existerait des *styles* de gens.

L'approche sociologique m'a fascinée parce que là d'où je venais, ça n'avait pas de nom. On avait peut-être un nom, un nom qui faisait partie de l'Histoire de France, mais on n'en disait pas plus ; les sociologues, eux, identifiaient, reconnaissaient et remettaient chacun à sa place.

J'avais vingt ans, mai 68 était passé depuis vingt ans, j'avais soif de nouvelles idées et ce n'était pas dans ma famille que j'allais en trouver.

L'approche sociologique me laissa cependant sur ma faim. Il me semblait qu'elle voulait avoir le dernier mot et cette prétention me mettait mal à l'aise.

UN FANTASME NOMMÉ LURANCES

Le premier livre que j'ai publié s'intitulait *Inventaire*.
Je rassemblais les histoires d'un lieu qu'aujour-
d'hui, je vais appeler Lurances, comme Jarry le fait
dans un roman qu'il publia en 1902 : *Le Surmâle*.
J'essayais de rendre compte des réalités qui composaient ce lieu peu connu, ouvert au public et habité
par toutes sortes d'individus.

À l'époque où Jarry faisait du vélo dans les environs
de Brunoy et passait les week-ends chez son amie
Rachel, Samuel de Haber, mon ancêtre, rachetait une
ruine, et non seulement la restaurait, mais croyait
pouvoir l'embellir afin de se faire une place au soleil
dans la bonne société française. Suisse, juif converti,
une fortune immense et récente, il voulait pour son
domaine à la fois le confort moderne et les apparences

de la noblesse. Il reproduisit à moindre échelle l'escalier en fer à cheval du château de Fontainebleau, la résidence voisine des rois, et planta le long de l'allée d'Honneur des lampes à gaz plus urbaines. Il plaqua sur les façades des briques roses pour affirmer le style Louis XIII et installa dans toutes les salles de bain des baignoires en cuivre. On a conservé les baignoires, pas les lampadaires.

L'électricité et les nouvelles techniques jouent un rôle important dans *Le Surmâle*. Le héros se met en concurrence avec une machine pour faire l'amour le plus longtemps possible. Des expériences extrêmes ont lieu à l'abri des murs du château de Lurances.

Aujourd'hui, on loue l'ancien moulin électrique à des Parisiens qui souhaitent une maison de week-end avec vue sur un château.

« L'amour est un acte sans importance puisqu'on peut le faire indéfiniment », déclare, provocateur, le personnage principal au début du roman d'Alfred Jarry. Contre la machine célibataire, le surmâle va néanmoins échouer. Il s'empale, à la fin, sur les piques de la grille du pont qui surplombe les douves.

Jarry mettait en question les représentations de l'amour qui avaient cours à son époque. Pour lui, l'amour devait être un instrument de connaissance…

Lurances ressemble aussi à Moulinsart.

Ce n'est pas moi qui ai fait cette comparaison la première.

J'avais invité un artiste à l'occasion d'un *événement* que j'avais conçu autour du thème de l'eau. Faire connaître ces jardins aux quatorze sources, aux dix-sept pièces d'eau, les utiliser comme une scène m'inspire ; personne ne m'a demandé, personne ne s'y est opposé. J'imagine des surprises qui ne pourraient avoir lieu ailleurs et surtout pas dans un autre château, c'est mon snobisme, je l'avoue.

Michel Risse transforma le parc en port, ajouta cette dimension acoustique. À ceux qui n'avaient pu venir, je précisais : « *port* avec un *t* » parce que je savais que certaines personnes entendraient *porc* avec un *c.*

Il y a un siècle et demi, les porcs auraient été à leur place à Lurances, ils auraient trouvé leur bonheur dans le parc abandonné, un marigot, entre les fontaines et les bassins dévorés par la nature.

Les petites filles des propriétaires précédents ont été violées par le berger. On les a retrouvées mortes à côté d'une voie ferrée. Jarry évoquait cette histoire dans son roman. Selon les invités à qui l'on s'adresse, on relate ce fait divers ou le changement politique de 1830 pour expliquer ce qui poussa ces aristocrates légitimistes à quitter la France. Aux visiteurs, on communique uniquement la deuxième histoire. Il y avait un berger pour s'occuper des moutons qui tondaient les pelouses. Les châtelains étaient sortis dîner dans le voisinage et avaient découvert le drame à leur retour. La nuit même, ils s'en allaient, abandonnant pour toujours les lieux, sans même fermer la porte derrière eux.

Jarry faisait ressembler ce drame à une image d'Épinal, désuète, charmante, deux figures de tir abattues à un stand de foire. À la suite de quoi, Lurances avait sombré dans la ruine, littéralement, le parc était devenu un marécage et le château, une coquille vide ouverte à tous les vents.

Les propriétaires de l'époque ont abandonné Lurances pour se punir d'avoir abandonné leurs filles un soir de trop.

En posant les pieds sur les pavés de la cour, Michel Risse s'écria :

— Moulinsart !

Cette comparaison est venue comme un cri du cœur. D'un côté, j'ai apprécié la spontanéité, on ne se connaissait pas encore, d'un autre, j'ai trouvé que le type se mettait vite à l'aise.

Il planta des tours d'enceintes aux coins du parc les plus éloignés, on croyait que de grands paquebots arrivaient ou partaient là-bas, des sons de mâts métalliques et de haubans tintinnabulaient au-dessus des promeneurs qui remontaient l'allée d'Honneur, des mouettes criaient et l'on sentait le sol tanguer sous ses pieds.

INTENTION (LA QUATRIÈME)

Aujourd'hui, je ne recense plus, je mène l'enquête... Et avec d'autant plus d'acharnement, d'obstination, ne craignant pas de paraître monomaniaque ou déjà un peu radotante qu'en France, certains sujets me paraissent tabous. Le déterminisme social, par exemple, ne me paraît plus à l'ordre du jour. Ni chez les politiques, ni chez les intellectuels.

Comme si depuis mai 68 ou en tout cas Mitterrand, l'existence des classes sociales ne posait plus de problème aux politiques.

J'oublie : les classes sociales devraient, n'est-ce pas, avoir tout à fait disparu et d'autant plus qu'elles ont commencé à disparaître en 1789 ! C'est même un de mes ancêtres, le vicomte de Noailles, qui s'est levé à l'Assemblée constituante pour proposer l'abolition des privilèges et personne ne lui a enfoncé une fourchette dans le dos pour qu'il émette cette idée.

Quant aux intellectuels, l'échec du marxisme conditionne leur expression. Ceux qui se sentent veufs sont trop déçus pour avoir gardé de cette idéologie les instruments d'analyse encore opératoires. Et trop paresseux pour les appliquer à eux-mêmes. On ne va pas changer le monde, ce n'est pas la peine d'essayer de se libérer soi-même.

Les *aristos*, en tant que groupe, n'existent plus depuis longtemps. Ni ordre, ni classe, ni pouvoir politique, ni pouvoir économique sinon en association avec des bourgeois. Mais le mot existe toujours même si, vous l'aurez remarqué, je préfère le *raccourcir*. Et il fait fantasmer.

Ceux qui croient que cette organisation du monde – un monde gouverné par les meilleurs – existe encore ou a jamais existé n'ont pas envie d'appartenir au monde, mais au minuscule *grand monde*. Ils veulent seulement être avec les meilleurs, en vérité, avec leurs semblables. Mais le mot *aristo* fait aussi fantasmer, plus nombreux, ceux qui *n'en sont pas*.

Ceux qui *n'en sont pas* ne croient pas tout à fait que je puisse être leur amie. Et ceux qui *en sont* me soupçonnent de ne pas leur être vraiment apparentée. L'*outsider looking in*, disait ma mère quand j'étais adolescente pour décrire ce qu'elle ressentait à mes côtés.

Les *insiders*, quant à eux, se glorifient de leur absence d'idées à ce sujet et croient que réfléchir, ce serait non seulement déroger mais trahir.

Ne me sentant chez moi nulle part, ne souffrant plus de ce sentiment d'étrangeté qui désormais me divertit, je désire rapporter certains épisodes d'une histoire qui me dépasse largement.

Où puis-je m'imaginer être dans le feu croisé de ces représentations ? Où ai-je le droit d'être et d'imaginer ?

GUÉNOLA

Ma meilleure amie était la fille du prof de danse, elle était aussi la première de la classe, toujours.

Je ne sais pas si Guénola aurait été admise dans ce cours privé si sa mère n'avait pas fait partie de l'équipe enseignante. Son Q.I. supérieur a aussi peut-être aidé. Elle habitait dans la même rue, un immeuble en face du mien, standing pas comparable mais le même étage. On répétait en riant qu'il aurait fallu lancer une planche au-dessus de la rue pour aller plus facilement de chez l'une à chez l'autre.

Philippine envoyait sa fille faire ses devoirs en face. Elle avait confiance en la mère de mon amie pour nous faire apprendre nos leçons. À la fin de la semaine, quand Guénola rapportait son bulletin à la maison et que je me trouvais chez elle, elle devait se rendre dans la chambre de ses parents si elle avait moins de dix-huit de moyenne, et son père lui administrait une fessée déculottée. Je l'entendais hurler, pleurer et puis elle revenait dans sa chambre où je l'attendais, elle ravalait ses larmes et on reprenait comme si rien ne s'était passé. Je ne lui ai jamais posé de question, pas fait la moindre remarque et elle non plus n'a jamais cru devoir émettre un commentaire. Elle venait chez nous pour apprendre l'anglais avec Miss Bloo. Ma mère croisait parfois la sienne au Prisunic de la rue des Belles-Feuilles. L'échange de bons procédés les réjouissait. La mère de Guénola me faisait faire mes devoirs et Guénola passait de nombreux week-ends et la moitié des grandes vacances à Lurances.

Il y a une photo de nous deux dans le coffre de la DS de mon père. Nous avions été invitées à rejoindre les chasseurs à l'heure du déjeuner. Nous mangions nos sandwichs dans le coffre ouvert. Les ravisseurs étaient gentils, ils auraient pu le fermer et ne rien nous donner à manger.

Un beau jour d'été, elle et moi avons montré à ses parents le jeu que nous avions inventé. J'étais Cléopâtre et, selon le nombre de fois que je claquais dans mes mains, Guénola était mon goûteur, mon masseur ou je ne sais quelle esclave aux fonctions bien définies. Elle accomplissait toutes sortes de gestes et moi j'attendais, hiératique et sévère. Guénola m'avait prêté un bijou de scène de sa mère, une sorte de pectoral qui eût donné un port de reine à une naine.

Nous exécutions notre petit ballet sur les pavés de la cour, devant les voitures garées. Ses parents étaient venus la chercher pour l'emmener sur la Costa Brava, ils avaient un appartement à Alicante. Nous étions assez fières de l'enchaînement de nos figures, nous n'avions pas besoin de nous parler, le silence était seulement interrompu par mes mains que je claquais l'une contre l'autre. Mais quand je daignai jeter un œil sur notre public, je compris que notre petit jeu ne les amusait pas, ils semblaient très gênés. Le père et la mère de Guénola se regardaient, hésitants. Interrompre notre représentation aurait risqué de nous troubler, de provoquer nos questions. Ils avaient plutôt intérêt à faire semblant d'être heureux : leur enfant unique, leur plus gros investissement s'entendait bien avec la fille du château. Ils prirent leur mal en patience. Jamais, Guénola et moi, n'avons échangé nos rôles.

Je me souviens d'un grand déjeuner chez ma sœur aînée, sous les tilleuls. À cette époque, les enfants ne prenaient pas tous les repas avec les adultes. Plusieurs tables dressées, nappes fleuries. Il n'y avait pas de table pour les enfants, Guénola et moi n'étions pas à la même et Miss Bloo ne se trouvait ni à la sienne, ni à la mienne. On servit une soupe de cerises avec des croûtons à la cannelle. Un de mes desserts préférés.

La pensée que mon amie allait aimer me traversa l'esprit. Je n'avais pas terminé ma soupe qu'une voix d'enfant se fit entendre.

— Est-ce que je peux me lever ? Je n'ai plus faim…

Mes orteils se crispèrent dans mes chaussures comme si je n'avais plus voulu marcher sur cette terre. Ce n'était pas à moi de répondre. Qui allait oser ? Qu'allait-on répondre à mon amie ?

Les grandes personnes se sont regardées, très étonnées et légèrement contrariées. Comment quelqu'un qui se trouvait à ce déjeuner – que ce fût une enfant n'était pas moins préoccupant, c'était peut-être même plus inquiétant – pouvait-il poser une question aussi *à côté* ?

Quand les invités furent partis, quelques adultes ont dû se réunir pour discuter et décider ce qui devait être fait ou ne pas être fait. Il s'agissait de se mettre d'accord sur une définition de la politesse.

Il fallait peut-être ne rien dire à Guénola pour qu'elle pût continuer à faire comme chez elle. On ne pouvait pas dire qu'elle était mal élevée puisqu'elle avait demandé à se lever de table – elle aurait pu aussi se lever en hurlant, tirer la nappe avec tout ce qu'il y avait dessus et partir en courant. Que mon amie se sentît bien à Lurances, puisqu'elle s'y comportait avec la même spontanéité que si elle avait été chez elle, ne pouvait que réjouir et ma mère et ma gouvernante. Il fut néanmoins décidé qu'on lui apprendrait les usages qui avaient cours en ces lieux. Les enfants pouvaient déjeuner avec les adultes à l'occasion, mais ne devaient pas se faire remarquer. Qui allait lui communiquer la règle du jeu ? Si elle voulait continuer à s'amuser avec moi, elle devait obéir à un règlement assez difficile à expliquer dans sa totalité, encore plus difficile à justifier mais qui était… ce qu'il était. On ne se levait pas parce qu'on avait fini son repas, encore moins parce qu'on n'avait plus faim, on ne se levait évidemment pas non plus parce qu'on n'avait plus envie d'être assis, on ne quittait les lieux que parce que c'était la volonté commune ou pour suivre la maîtresse de maison au bout du monde.

Philippine confia cette délicate mission à Miss Bloo. Il ne fallait pas troubler Guénola, qui aurait pu penser que ses parents ne lui avaient pas appris ce qu'il fallait ou s'inquiéter en découvrant que nos vies étaient plus différentes qu'elle ne l'avait initialement mesuré.

Miss Bloo ne l'a pas instruite devant moi, et je suis certaine qu'elle a su être légère. Oui, de la même façon qu'on peut avoir une soupe en dessert, une soupe de cerises avec des croûtons à la cannelle, on pouvait ne pas se lever quand on avait fini, c'était comme ça, on peut faire plein de choses à Lurances, royaume des enfants, elles étaient d'accord, n'est-ce pas, mais il y en a qu'on ne fait pas. Guénola avait fait quelque chose qui ne se faisait pas, ce n'était vraiment pas grave, on l'oublierait tout à fait et tout de suite mais il valait mieux pour tout le monde que cela ne se reproduise pas.

Guénola et moi, on faisait plein de choses ensemble à Lurances. Miss Bloo nous ramassait à la sortie des classes le vendredi et nous conduisait par l'autoroute du soleil jusqu'en notre royaume. Nous programmions à l'avance nos week-ends, heure par heure, et en posant le pied sur les pavés de la cour, nous proférions un mot magique qui nous ouvrait les portes du domaine enchanté.

À l'école, Guénola était toujours la première de la classe mais à Lurances, pour les défis physiques, j'étais plus dégourdie. Je l'envoyais cependant souvent en éclaireur. Je la guidais de loin et il est arrivé qu'elle se blessât. Je ne sais pas si elle me faisait confiance ou si elle voulait faire tout ce qu'on pouvait faire à Lurances ou tout ce que je lui disais qu'elle pouvait faire.

Pour autant que Lurances soit à moi, ce château et ce parc appartiennent aussi à Guénola. Par le traité de la Baigneuse, un document signé avec notre sang – on s'était écorché les genoux avec une petite branche –, je lui ai donné la moitié de ce qui m'appartenait.

La Baigneuse est une femme étendue en surplomb d'un bassin, elle est nue et en pierre. Elle se prélasse au-dessus d'une cascade. Sa crinoline blanche est agitée.

POMPE À FRIC

Je suis encore une petite fille et c'est *l'arbre de Noël du village*. Mes parents tiennent à ce que je participe. J'ai donné un coup de main pour préparer les paquets qui seront distribués aux personnes âgées.

Mon père a été le maire de cette minuscule commune de la région parisienne pendant plus de cinquante ans ; revenu en héros de la guerre, il a été triomphalement élu à vingt-quatre ans. Je suis sûre qu'on recevra des colis pleins d'horribles douceurs de chez la duchesse du Barry au château pour lui quelques années après sa mort, ils auront oublié d'actualiser les listes.

Être paternaliste, c'est peut-être faire preuve d'instinct maternel à l'endroit de ceux qu'on administre.

Le 14 juillet, mon père organisait sur la place du village des jeux pour les enfants, des jeux démodés qui rencontrèrent beaucoup de succès jusqu'à la fin de son règne : course en sacs, course avec une brouette sans rebord et une grosse boule dedans dans la seule rue pentue du village, taper, les yeux bandés, le pot accroché à une corde à linge étirée entre deux tilleuls – il y avait plusieurs pots, et l'un d'eux contenait toujours un lapin vivant qui, s'il n'avait pas été assommé du premier coup, tentait de sauver sa vie en courant entre les pattes des adultes.

Cette année-là pour Noël, le conseil municipal a opté pour un professionnel du divertissement. Je suis assise devant avec les autres enfants, mon père et ma mère se trouvent derrière, au premier rang des adultes. Le prestidigitateur annonce qu'il a besoin d'un assistant. Une forêt de mains. Je ne suis pas sûre d'avoir bougé, le fait est qu'il me choisit. Je grimpe sur la scène qui a été montée dans la salle des fêtes, mes genoux tremblent.

Tout le monde connaît ce numéro de la fontaine magique. De l'âne qui chie des louis d'or. De la pompe à fric. À vrai dire, je ne sais pas comment s'appelle ce numéro.

J'ai oublié la tête du prestidigitateur. Ses bras longs et souples comme des serpents viennent chercher derrière mes oreilles, dans mes poches, derrière ma ceinture, dans mes chaussures, cueillir des pièces qu'il fait tomber dans un seau en fer-blanc comme si on devait compter tous ensemble. Un bruit effrayant.

Tout le monde aurait dû rire, applaudir, mais ce qui se produit plonge l'assistance dans une immobilité crispée. Mes parents, ce n'est pas le cas de le dire, *rient jaune.* On les regarde, on attend leur réaction. Ils me sourient, ils ne sont pas à leur aise. Face à la réserve du public, le magicien comprend qu'il a intérêt à passer au prochain numéro. Il est là pour faire croire à d'autres réalités que celles qu'on connaît déjà.

Je me suis demandé si l'expérience se reproduirait sous d'autres formes, si dans la vie qui serait la mienne, j'allais souvent éprouver cette impression de commettre une gaffe.

LA PREMIÈRE PHRASE
DONT JE ME SOUVIENS EST... INCOMPLÈTE

Je n'ai pas encore l'âge de raison, ma nounou m'a posée sur le large rebord du lavabo au-dessus duquel mon père se rase en se regardant dans la glace. D'une main, il tire la peau de son visage, de l'autre, il trace des arabesques avec son rasoir.

Ma mère dort, je vais bientôt partir à l'école et mon père, à son bureau.

« Quand on s'appelle comme on s'appelle... » est la première règle que j'ai entendue ou cru entendre, le commandement ou les mots assemblés proférés avec le ton péremptoire et solennel que Dieu a dû employer quand il s'est adressé à Moïse sur le Mont-Sinaï.

Une phrase sans suite. Une proposition subordonnée détachée de toute proposition principale. Des circonstances ne déterminant aucune action.

Une phrase incompréhensible puisque le terme principal, l'ordre qui devait suivre était sous-entendu, à moins qu'il n'ait été oublié. Menace ? Promesse ?

C'est peut-être moi qui n'ai pas écouté la suite. À moins que ce souvenir n'ait pas été retenu par ma mémoire.

Un état. À un moment. On ne s'appelait pas toujours. Ou certains s'appelaient quand d'autres pas.

Pas la moindre idée de ce que je devais faire ou de ce qu'il ne fallait pas faire quand etc. Je me suis demandé s'il arrivait de temps à autre qu'on ne s'appellât pas.

Mon père dit *quand* mais c'est tout le temps, pour les siècles des siècles. On est déjà à la fin de l'histoire, depuis longtemps.

Qui dit *on* ? Papa répète les paroles d'un autre, lui-même n'est pas convaincu. Qui nous regarde dans la glace ? Qui se permet de parler à notre place ? Nous, nous n'avons pas besoin de nous appeler pour nous entendre, pas non plus besoin de nous voir dans le miroir pour savoir que nous sommes proches.

On-on, hon-hon, grognements de ceux qui n'ont pas besoin d'être puisqu'on est né pour eux. Qu'ai-je fait pour mériter un tel rappel à l'ordre, l'ordre du *on* ? Qui appelait qui ? Peut-on décider de s'appeler soi-même ? Et un beau jour décider de ne plus appeler, encore moins s'appeler ?

Rien de magique dans la formule, aucune métamorphose à l'horizon, peu d'aventures en perspective, je devinais que j'allais devoir rester assise à ma place. « Quand on s'appelle comme on s'appelle… » était le contraire d'« Il était une fois… ».

« THE LESS THEY KNOW... »

Violente prise de bec l'autre jour avec un cousin qui se présente parfois comme l'historien de la famille.

J'essaie d'organiser une exposition autour d'une femme à qui nous devons la plupart des beaux objets, tableaux ou meubles que nous avons, une collectionneuse hors du commun, relativement peu mondaine et au goût d'un rare éclectisme, notre grande-tante.

Je pensais qu'il allait pouvoir m'aider. Je devais faire un tour dans le château de mes oncles à une demi-heure en vélo de Lurances avec le commissaire d'expo pressenti, pour inventorier ce qui s'y trouvait.

Personne ne m'a demandé de faire ce travail, je n'ai pas été *mandatée* mais quand j'ai annoncé ce que j'allais entreprendre, personne n'a rien trouvé à redire, certains ont même paru juger l'idée bonne.

Et les plus tièdes ont admis l'idée qu'à être connue et reconnue, une œuvre d'art gagnait en valeur.

Il me semble qu'on doive un hommage à cette femme qui nous a permis de vivre au milieu de tant de beautés.

Ce cousin m'a transmis ce qu'il savait mais aussi, avec le même ton péremptoire, d'autres faits qui se sont avérés faux. Je ne lui en veux pas car contrairement à ce qu'il pense, il n'est pas historien. J'avais encore des questions, nous étions loin d'avoir terminé notre travail.

— *The less they know*, le mieux on se porte… me lança-t-il soudain et pour conclure.

Qu'il n'ait plus envie de m'aider est une chose, qu'il me rende la tâche plus difficile, une autre. Qui est ce *they* qu'il invoque ? Ceux qui ne font point partie de notre famille ? Le monde extérieur dans sa totalité ? Ce cousin avec qui j'ai fait le mur quand nous étions plus jeunes, avec qui j'ai volé des prunes dans les petits jardins qui s'étendent au-delà du parc de Lurances, me range loin là-bas, parmi *they*… Mais qu'y aurait-il à divulguer ? Les trésors ont tous été déjà prêtés pour des expositions et photographiés dans des beaux livres ou catalogues raisonnés. Pour qui me prend-il ? De quels crimes m'imagine-t-il capable ?

Il veut que tous soient ignorants, aussi bien les *outsiders* que nous et surtout, aussi bien moi que lui. Il est certain que cela limiterait les discussions.

SE TROMPER, S'APPELER...

J'étais dans la même position sur le rebord du lavabo de mon père et sur la jetée en Corse, mes jambes pendaient dans le vide. L'eau était encore froide, mais quelle qu'aurait été la température, ma cousine et moi n'avions pas le droit de nous baigner avant l'arrivée des adultes. Nous attendions aussi notre cousin dont nous étions toutes les deux amoureuses – il se couchait toujours plus tard que nous –, quand elle a déclaré :

— Tu sais, tous les parents se trompent. Les miens se trompaient avant même de se marier.

Je me suis demandé si la cousine de mon cousin était ma cousine.

Je ne sais plus lequel des deux m'avait invitée.

Des jeunes femmes se promenaient seins nus au milieu d'académiciens qui discutaient sous un vaste figuier. Les parents de mon cousin, du côté maternel, avaient fait fortune dans l'huile de vidange et l'huile de cuisine, une affaire de famille, une famille de la grande bourgeoisie. Il me semblait qu'on parlait de plus de choses qu'à Lurances. Je ne me représentais pas très bien qui allait avec qui, mais n'avais pas besoin de le savoir pour passer du bon temps au bord de cette mer.

Soudain, c'était différent, la cousine de mon cousin m'apprenait quelque chose qui remettait en question la manière dont je me figurais le monde, cette hypothèse ébranlait l'idée que j'avais de mes parents. Pourquoi cette fille tenait-elle à me communiquer cette information ? Son ton n'était pas affecté. Elle, ça ne lui faisait rien. Comme si elle m'avait dit qu'il allait faire beau demain comme il faisait déjà beau aujourd'hui.

Se tromper, se marier, deux verbes employés au mode pronominal. Le deuxième ne peut pas être employé autrement. Sauf par l'homme que j'ai choisi et qui, les premières années, disait qu'il *m'avait mariée.*

Se tromper peut signifier bien des choses. Qui se trompe ? Qui trompe qui ?

Peut-être les parents de ma cousine se trompaient-ils encore ? Pourquoi s'étaient-ils mariés ? Et mes parents, même s'ils formaient un couple extraordinaire, en d'autres temps, eux aussi peut-être s'étaient trompés.

La tranquillité avec laquelle ma cousine énonçait cette loi cachée m'impressionnait. À l'évidence, elle avait réfléchi depuis plus longtemps que moi à l'amour, aux apparences et à la vérité. Je n'ai pas pensé que cette fille pouvait vouloir que mes parents se trompent parce qu'elle connaissait seulement le fonctionnement des siens.

Que devenait l'amour si tous les parents se trompaient et qu'ils ne se mariaient que pour continuer à se tromper ? Nous étions peut-être cousines et toutes les deux amoureuses de notre cousin, mais nous ne nous faisions pas les mêmes idées de l'amour.

Dans d'autres familles, se tromper était peut-être l'équivalent d'aimer dans la mienne, c'était ce qu'on désirait. Et la loi implicite. C'était peut-être considéré plus malin.

Se tromper tandis que d'autres *s'appellent* ?

J'ai trompé mon amour juste avant de l'épouser pour ne pas avoir à le tromper après.

J'ai trompé Frantz parce que je voulais me tromper.

En partant avec un autre, je désirais d'abord me tromper moi-même pour être sûre qu'en l'épousant, je ne me tromperais plus.

L'AMOUR DE MES PARENTS

Le *style* d'amour…

Pour une fois, nous dînions tous ensemble. Eux, mes sœurs et moi. Le maître d'hôtel fit passer la soupe qu'avait préparée la nouvelle cuisinière. Ma mère leva la cuillère à sa bouche, le long côté, aspira sans faire le moindre bruit et nous regarda soudain très inquiète et puis elle cracha tout ce qu'il y avait à l'intérieur de ses joues, à plusieurs reprises, elle ne voulait pas une goutte sur sa langue ou collée à son palais. Craignant d'être arrosé, le maître d'hôtel se plaqua encore plus au mur. Nous nous penchâmes vers maman, nous voulions comprendre ce qui venait de se passer. Une petite veine avait peut-être claqué dans son cerveau.

Mes sœurs et moi, on n'aimait pas la soupe, on n'a pas eu à demander si on pouvait seulement en prendre un peu, on n'a même pas sali nos cuillères.

Maman regardait papa comme s'il était celui qui avait voulu nous empoisonner. Il montait tranquillement une deuxième cuillerée vers ses lèvres mais ouvrit la bouche pour d'abord poser une question :

— Qu'est-ce qui se passe ? Je la trouve très…

Maman ne voyait plus son mari mais un monstre. Un monstre n'est pas seulement celui qui fait du mal aux autres et qui parfois aime ça – cela me fait penser à la définition du *gentleman* par Oscar Wilde : celui qui ne fait jamais souffrir les autres sans le faire exprès – mais qui s'inflige à lui-même aussi tous les sévices.

— Si tu fais ça…

— Quoi ?

— Si tu avales…

Le maître d'hôtel, mes sœurs et moi, ne bougions plus, spectateurs reconnaissants. On espérait une escalade dans la violence, on ne voulait pas que tout rentre dans l'ordre, pas moi en tout cas.

— Si tu avales cette soupe qui n'est pas comestible, je me roule par terre, annonça maman en renouant le nœud de sa robe d'intérieur sous son menton pour contenir les idées plus délirantes encore qui pouvaient lui monter à la tête.

Papa sourit, ravi par le numéro, une première. Émerveillé aussi par ce qu'un si petit geste de sa part pouvait provoquer. Il contempla la cuillère sous sa moustache comme le trapéziste avant de sauter jette un œil au filet, nous regarda pour s'assurer que nous n'avions pas trop peur, ouvrit la bouche et avala. Et il sourit à son épouse en essuyant délicatement sa moustache avec sa serviette.

Maman se leva et passa devant le maître d'hôtel qui essayait de se faire oublier, aussi peu remarquable qu'une baguette de boiserie achetée au B.H.V. Elle se dirigea vers le salon, se mit à quatre pattes sur le grand tapis des Gobelins et se roula, dans un sens et puis dans l'autre, comme un chien qui se sèche après s'être jeté dans la mer, elle tenait d'une main les deux pans de sa robe de chambre pour qu'on ne pût l'accuser d'impudeur. Cela faisait longtemps qu'elle ne s'était pas roulée dans le sable, ça se voyait, longtemps qu'elle ne s'était pas laissée aller du haut d'un talus enherbé vers une pelouse en contrebas. On a tous applaudi. Sauf le maître d'hôtel. Quand maman est revenue à table, les assiettes à soupe avaient été emportées.

On comprit ce qui s'était passé le lendemain. La nouvelle cuisinière, qui était de congé ce soir-là, avait préparé un potage. Le maître d'hôtel n'aurait qu'à le réchauffer. L'ayant jugé trop épais, il avait ajouté ce qu'il avait pensé être un bouillon. Un liquide craché par la machine à laver. (Pourquoi avait-on conservé cela dans la cuisine, pourquoi ne pas l'avoir jeté dans les cabinets ? Le maître d'hôtel était peut-être viscéralement contre l'arrivée d'une nouvelle cuisinière…)

Je chéris ce souvenir. Je trouve mes parents très bons, chacun dans son rôle respectif. Ma mère n'a pas peur du ridicule, et choquer le maître d'hôtel ou ses enfants est une éventualité qu'elle ignore complètement. Pour protéger son homme, elle est prête à se comporter comme une bête ou une folle ou une toute petite fille ; la maman, la maîtresse de maison : des oripeaux qu'elle balance par-dessus les moulins.

Cette charmante scène de ménage révèle aussi quelques traits caractéristiques de mon père : il n'en fait qu'à sa tête et il aime jouer les héros, peut-être parce qu'on lui a dit qu'il en avait été un pendant la guerre, mais depuis dans son esprit, cela signifie d'abord se comporter en type normal, pas difficile, capable de se satisfaire de peu. Il se distingue en cela de beaucoup des hommes de sa classe, qui estiment avoir besoin de plus que le *vulgum pecus* ; un certain goût aussi pour la provocation, il ne fera pas ce que font les autres seulement parce que les autres le font.

Ce n'était cependant pas pour choquer le bourgeois qu'il déclarait à qui voulait savoir ce qui comptait pour lui :

— Dans mon cœur, il y a d'abord Philippine, ensuite Lurances et puis mes enfants.

Cette franchise embarrasse mes sœurs, moi, elle ne me gêne pas.

AUTRE SOUPE

J'ai rencontré la littérature avant de remettre en question les usages qui avaient cours autour de moi et bien avant de me prêter à toutes les expériences de la vie. À une époque où je sortais de la classe pour ne pas risquer de me sentir complice des tricheurs.

Je dévorais les livres sans pouvoir m'arrêter et sans savoir pourquoi. Dans *Manon des sources*, Pagnol décrit une soupe pourrie ou plutôt desséchée, qui avait pourri et ensuite séché, et ce qui aurait dû être dégoûtant était sublime. Pagnol mêlait vocabulaire de fourreur et lexique d'orfèvre pour nous faire voir ce qui restait au creux de l'assiette, un repas interrompu dans une cabane au milieu des chênes verts et des oliviers, près d'une ancienne source. Une histoire d'eau déviée et d'eau libre, l'eau qui rendait riche ou l'absence d'eau qui pouvait ruiner et rendre fou. J'ai oublié les méandres de l'intrigue mais je vois encore l'assiette à soupe avec, au fond, un duvet raide et turquoise.

Je découvrais le pouvoir des mots, la manière dont ils faisaient surgir des réalités paradoxales qui troublaient mes catégories d'entendement et de jugement habituelles. Je pressentais que cette capacité de l'artiste à métamorphoser grâce aux seuls mots ce qu'on croyait connaître ou avoir déjà vu était une liberté supérieure, enviable et secrète. L'histoire était un prétexte, ce qui comptait, c'était le style, un style qui pouvait m'arrêter dans ma lecture ; celui de Pagnol fut le premier à me faire ralentir.

Quand j'entends qu'un écrivain désire *raconter des histoires*, je n'ai pas envie d'écouter plus et le lire, moins encore.

J'ai souvent l'impression que les aristos se racontent des histoires : ils seraient, par exemple, des aristos. Désormais, je me méfie. S'en raconter sans rien raconter pour autant.

CLASSIQUE

Philippe Sollers, le deuxième éditeur que j'ai rencontré, ne m'a pas donné beaucoup plus de conseils que Christian Bourgois. Je lui avais envoyé un manuscrit alors qu'il écrivait un roman sur le marché de l'art. Il avait lu dans les journaux que des personnes portant mon nom de famille vendaient quelques œuvres importantes.

— Soyez *classique* ! fut une de ses rares recommandations.

Je venais d'un monde qu'on pouvait dans son ensemble, me semblait-il, qualifier de ce mot. J'avais quant à moi du mal à imaginer une œuvre d'art qui surgirait de son temps sans avoir eu à violemment s'extraire de la tradition. Une œuvre d'art était nécessairement révolutionnaire, un individu proposait sa perception… Une écriture *neuve* ne pouvait pas être *classique* pour commencer. Le deviendrait peut-être.

— Il a été dit à l'artiste d'aujourd'hui, continua Sollers, tu seras moderne ! C'est la nouvelle forme de l'aliénation !

Nous étions assis à la terrasse de la Closerie des Lilas. Je buvais ses paroles. Tout en me demandant s'il s'adressait vraiment à moi, s'il n'était pas en train d'écrire son prochain roman à haute voix.

— Mais pour aller quelque part, vous devez d'abord savoir d'où vous venez.

Ce qu'il prescrivait ne m'inspirait pas beaucoup.

Philippe Sollers voulait savoir quel genre de personnes je fréquentais. Je ne pense pas qu'il ait dit *style* de gens. J'aime bien varier les genres, le bon et le mauvais, mes amis sont plutôt des artistes, pas forcément des écrivains et très rarement des aristos.

— Vous ne devriez pas snober ceux qui sont au courant de vos origines et que ça intéresse.

Je n'étais pas sûre qu'il imaginait… Ces personnes-là me parlaient en général d'abord de leurs propres origines et m'assénaient une saga avant d'avoir vérifié mon envie de les écouter.

— À l'évidence, votre sujet est le fantasme social. Vous êtes à un endroit de la société où vous pouvez avoir un point de vue très intéressant sur les représentations plus ou moins délirantes qui ont cours.

Mais il n'est pas certain que vous ayez les reins assez solides pour traiter le problème de front.

Mes reins assez solides ou trop fragiles, la question m'a troublée.

Je suis sûre que Sollers aurait aimé écrire sur les reins de Cécile de Volanges.

Peut-être pouvais-je me mettre en situation et après, lui raconter ce que j'avais vécu, ce qui m'était arrivé, il écrirait mes histoires, ce serait un juste partage des dépenses d'énergie. J'étais même prête à lui prêter mon nom pour qu'il puisse publier des histoires d'un autre *genre* que celles qu'on lui connaissait et qu'on attendait de lui, en tout cas en attendant que je sache moi-même de manière certaine et définitive quel sujet serait le mien.

— Ce qui est sûr, c'est que sur l'échiquier social, il n'y a qu'un pion que vous pouvez bouger : votre corps.

Quelle tête ai-je faite quand il a proféré cette sentence : compréhensive, aguicheuse ou effrayée ?

TRAPÉZISTE ?

Entrée sur la piste à pas légers. Aucun costume particulier, à moins que ce *catsuit* mité, usé, troué de partout en soit un. Une corde lisse et un trapèze pendent du ciel du chapiteau.

Le faisceau de lumière blanchit les mollets galbés et les pieds pointés. Une jambe enlace la corde, l'autre vient s'en mêler et en quelques flexions des bras, la fille monte et s'assoit sur la barre du trapèze. Elle hisse ses genoux jusqu'à sa poitrine, son corps dessine un œuf, elle se berce, son coccyx est le seul point de contact avec la barre. Elle paraît dans son élément là-haut, très à son aise, même si vue d'en bas, sa position semble peu assurée.

Elle travaille sans musique. Son appel surprend. Le pinceau de lumière redescend et on découvre un chat blanc assis dans la sciure, il détend ses pattes une à une sans marcher et fouette l'air de sa queue, il demeure hiératique et globalement immobile. Sa queue exprime de l'agacement mais il reste assis comme un chat égyptien. Elle l'appelle encore.

Le projecteur rebascule vers le haut, vers celle qui commence à enchaîner les figures. La *sirène*, les pieds qui remontent dans les cordes, la tête sous la barre, le corps aussi cambré qu'une voile dans le vent. La *feuille morte*, on s'enroule par la pliure du genou autour d'une corde et, depuis une certaine hauteur, on descend en tournant jusqu'à trouver la barre sous ses reins ; le corps est identique au bambou d'un porteur d'eau, presque aussi horizontal que la courbure de la terre.

Une musique tzigane, lointaine, ancienne, commence à se faire entendre. Alors, un éclair blanc, le chat, on l'avait oublié, grimpe à la corde et bondit sur les genoux de sa maîtresse. Elle ne l'attendait plus et ce n'est pas maintenant qu'elle va commencer.

La variation est pleine de surprises, rien d'athlétique cependant, un grand nombre de « chutes », des figures pas forcément difficiles mais soudaines et qui provoquent l'effroi du spectateur. L'idée géniale, c'est le chat, cet animal champion de l'équilibre qui retombe, dit-on, toujours sur ses pattes ; il avance sur ses cuisses comme s'il marchait sur un toit brûlant ou qu'on l'avait jeté dans un caniveau plein d'eau glacée ; quand elle se laisse tomber en avant ou en arrière, perdant exprès l'équilibre, il doit s'accrocher de toutes ses griffes pour se rétablir.

On comprend pourquoi le justaucorps est un haillon.

Cette fille, à côté de qui je me suis souvent exercée, a mis au point un numéro que j'aurais bien aimé avoir inventé. Il n'était pas nécessaire, pour le réussir, d'enchaîner les échelles de corde pour se faire des épaules d'homme – et d'autant plus nombreuses que celles qui jouissent d'une certaine souplesse sont souvent moins musclées que la moyenne… L'animal, comme une prothèse douée de mouvements indépendants et parfois symétriques aux siens, était un faire-valoir de ses mouvements. Ma camarade ne paraissait même pas vouloir être une acrobate, elle voulait seulement s'amuser.

En ignorant l'animal, elle faisait croire aux spectateurs qu'elle n'avait pas besoin de leurs regards non plus, elle évoluait en ces hauteurs pour son plaisir d'abord. Risquer la chute était sa manière à elle de se sentir en vie.

MISS BLOO

Au trapèze, vous faites soit du *fixe*, soit du *ballant*, soit du *volant*.

J'ai exploré les possibilités du trapèze *fixe*. On travaille seul, dans les cordes ou sous la barre d'un trapèze qui, d'habitude, ne bouge pas. C'est nous qui nous balançons, qui évoluons autour d'une structure qui ressemble à un U, étroite balançoire. Il existe des figures données : l'*araignée*, le *flambeau*, à partir desquelles on en invente d'autres, on écrit sa variation. Tirant parti de ma souplesse, j'ai inventé le *H*. Demi-pointe sur la barre, de profil, l'autre pied sur une des cordes qui monte tandis que ma tête descend. Le tronc finit à l'horizontale comme la petite barre du H, les deux jambes tracent une seule droite, écartelées à la verticale et plaquées contre une corde, les bras se placent de la même manière sur l'autre corde. H, la première lettre du nom de l'homme qui est mon homme. Je dessine son monogramme avec mon corps.

Avec le *ballant*, le corps qui va du point A au point B ne pèse à un moment presque plus rien. Il y a des figures qu'on ne peut pas faire seulement en force. Le *ballant*, ça va plus vite et si on tombait, ce serait avec de l'élan, c'est donc plus dangereux. Il faut trouver le rythme, le tempo.

J'ai du mal à imprimer un rythme à ce que je fais. Je ne suis pas aussi forte que certains le croient. Je suis seulement plus souple que d'autres. Et si je suis parfois *directe*, c'est par impatience ou quand mon désir faiblit.

Le trapèze *volant* est un archétype des arts de la piste. Une danseuse se jette dans les bras d'un malabar en forme de triangle à des dizaines de mètres au-dessus du sol comme si elle en avait envie. Et hop ! Et l'autre la renvoie telle une crêpe qu'on tourne et retourne. Et hop ! Il faut non seulement des bras mais aussi des épaules que je n'ai pas. On ne travaille jamais seul. Et on doit aller loin en banlieue pour s'exercer.

Il s'agit d'une discipline extrêmement athlétique et rarement poétique, le « nouveau cirque » s'en passe volontiers.

On s'est transmis Miss Bloo de famille en famille d'une manière qui me fait penser au trapèze volant.

J'ai essayé de donner une voix à Miss Bloo en écrivant un roman dans lequel je la faisais parler à la première personne. Ça s'appelait *Miss Bloo ou la couleur du silence*. À la fin, elle se suicidait, mais c'était un suicide joyeux, elle se mêlait aux amis artistes de la fille dont elle s'occupait, se faisait attacher à une chaise avec deux ballons (bleus) dans le parc de Lurances, et au moment où le soleil disparaissait derrière les arbres, à la fin de l'été, tandis que les invités se pressaient aux balcons du château pour ne rien rater de l'incroyable spectacle, Miss Bloo s'élevait doucement dans le ciel et disparaissait entre les nuages et les étoiles, un peu comme Mary Poppins arrivant chez M. et Mme Banks, mais dans l'autre sens.

Miss Bloo. Ce n'est pas son vrai nom, c'est moi qui le lui ai donné quand elle est arrivée, parce que je trouvais ça plus joli que Brown, le nom sur sa carte d'identité. Comme je ne savais pas encore parler et encore moins écrire l'anglais, bleu avec deux O.

Deux ballons, pour remonter au ciel ensemble quand on en aurait envie, ou comme ses seins qu'on ne soupçonnait pas si on la regardait seulement en passant – silhouette pincée à la taille, chignon de vieille fille, souliers plats mais belle poitrine qu'on pouvait admirer en transparence sous sa chemise de nuit quand on entrait sans frapper dans sa chambre.

Miss Bloo s'est occupée de la famille royale de Roumanie exilée en Angleterre. Et puis elle est restée longtemps avec deux autres familles, une en Espagne et l'autre, en France.

Elle a « produit » deux filles qui écrivent.

J'ai voulu rencontrer Dora qui, en Espagne, est un écrivain à succès. Je fréquente peu d'écrivains et n'en connais aucun qui vient d'un milieu comparable au mien. Le premier roman de Dora avait fait scandale parce qu'elle y portraiturait de manière assez réaliste la grande famille qui était la sienne, aussi folle qu'extrêmement fortunée. J'étais curieuse de savoir comment elle avait traité ce matériau, si elle avait continué à essayer de le traiter.

Quand j'ai appelé Dora pour lui annoncer ma décision d'écrire un roman au sujet de Miss Bloo, à présent que j'avais des enfants et que j'appréciais ma nounou d'une autre manière, et pour prendre rendez-vous avec elle, j'ai compris que ce projet l'ennuyait ou la contrariait.

Miss Bloo est la Rolls des nounous, disait ma mère. Deux anecdotes.

Rendez-vous à l'hôtel Lancaster pour l'entretien d'embauche. Miss Bloo était envoyée par un ami espagnol, homosexuel et très charmant qui était donc le papa de Dora. Ce dernier avait épousé sa mère pour plaire à son oncle, le célèbre Étienne de B., homosexuel français, qui avait promis de faire de lui son héritier à la condition qu'il se marie. La maman de Dora était, paraît-il, nerveusement instable. On pouvait se demander à partir de quand elle l'était devenue.

Le père de Dora ne voulait pas abandonner Miss Bloo après quinze ans de bons et loyaux services, il l'avait recommandée à ma mère, qui venait d'arriver à la conclusion qu'elle avait besoin de quelqu'un – la nounou du moment étant sur le point de nous quitter et aucune n'ayant jusqu'à présent réussi à trouver sa place à mes côtés.

Et hop.

Philippine avait vu cette femme descendre les marches de l'escalier – moquette et rampe en fer forgé à l'hôtel Lancaster – et s'était dit : ça ne va pas marcher, trop *ladylike*. Rang de perles, sac à main, robe avec nœud plat sous la poitrine. Et un chapeau. Pas une toque de nounou qui aurait été formée à la *Norland School of Nannies*, pas marron et bien plus élégant qu'un des chapeaux de la reine. Une femme de ce genre savait peut-être s'occuper des enfants, avait pensé ma mère, mais elle ne ferait jamais la vaisselle, exigerait des repas servis et des plateaux avec des napperons et elle se mettrait immédiatement à dos le reste du personnel.

Ma mère fit pourtant confiance à son ami et très vite, elle sut qu'elle avait fait le bon choix. Une des meilleures décisions qu'elle a prises de sa vie, elle l'admet volontiers.

Miss Bloo a organisé un goûter, ma mère s'étonne du calme dans la nurserie. Elle vient voir et nous trouve par terre, mes amis et moi, tous allongés dans des positions différentes et retenant notre souffle. Nous jouons à être morts. On mime l'abandon le plus extrême et il ne faut pas bouger, à la fois drôle et voluptueux, le temps n'existe plus.

Ce tableau a dû faire un curieux effet à ma mère. Elle admira l'imagination de la nouvelle nounou, l'efficacité de ses idées, mais tous ces enfants qui jouaient à être morts, était-ce vraiment un ravissant, un merveilleux spectacle ?

Le premier soir, après le bain, Miss Bloo m'a emballée dans une grande serviette qu'elle avait fait tiédir sur le radiateur. Elle m'a frictionnée d'abord allongée en travers de ses cuisses – j'aurais été dans la même position si elle avait voulu me donner confortablement une fessée – et puis elle m'a soulevée pour m'étendre sur l'ancienne table à langer ; et là, comme si j'avais été une pâte avec laquelle elle allait préparer *scones, crumpets* ou *pancakes*, elle m'a étirée et assouplie avec la tranche de ses mains, elle a donné forme à mon corps. Elle m'a conquise ainsi, pas eu besoin de beaucoup me parler. En la voyant pour la première fois, on pouvait l'imaginer raide et sévère.

Un autre épisode illustre son originalité et le fait qu'elle était toujours du côté des enfants – elle était là pour les aider à devenir ce qu'ils étaient.

Je n'étais pas du tout habillée comme il fallait la première fois que j'étais allée à un rallye et c'est Miss Bloo qui s'est fait gronder.

— *She should have known better !* a dit Philippine.

La perspective, comme toutes les petites filles de mon âge, de m'acheter une robe aux *Folies d'Élodies* (si j'avais été délurée) ou chez *Franck et Fils* (si j'avais été plus timide) ne m'avait guère inspirée. Je lisais avec passion les *Mémoires d'une jeune fille rangée* de Simone de Beauvoir. J'ai lu toute l'œuvre de celle qui analysait avec une clairvoyance aussi tranquille qu'acérée la construction de l'identité féminine dans la petite bourgeoisie à une époque qui n'était pas si éloignée de la mienne, et qui correspondait sur beaucoup de points à l'éducation des filles trente ans plus tard chez les aristos. (L'aristocratie, si elle existe, n'est-elle pas un des milieux qui résistent le plus aux changements, un groupe souvent plus conservateur qu'il ne devrait l'être même dans son intérêt ?)

J'avais choisi pour cette soirée une jupe-culotte en flanelle grise et un pull à col V en mohair rayé rose, bleu pâle et blanc – ni poule, ni prof, à mi-chemin. Cette apparence, qui me semblait « équilibrée », fut remarquée par les autres mères et rapportée à la mienne : au milieu des autres jeunes filles très *habillées*, mon allure avait détonné. Pour aller danser, il fallait une tenue *habillée*, ce qui voulait dire *déshabillée* mais de manière *distinguée*.

Puisqu'on ne me laissait pas être Simone de Beauvoir, j'allais être Carmen Miranda.

Miss Bloo eut l'idée de récupérer toutes les cravates que mon père ne portait pas et les cousit l'une à l'autre dans le sens de la longueur. Quand je tournais sur moi-même, les extrémités non cousues tournaient aussi, fouettant l'air comme les pales d'un hélicoptère sur le point de me faire décoller et découvraient mes jambes jusqu'en haut des cuisses. Idéale pour aller danser, une jupe qui se révélait dans le mouvement, ma mère ne pouvait trouver à y redire. Cette jupe me dota d'une réputation certaine.

Je m'étonne qu'aucun créateur n'ait repris l'idée.

Un cadeau que je reçus de Miss Bloo fut exposé dans le salon Doré à Lurances. Un cygne grandeur nature, en carton et dont elle avait découpé les plumes une à une à la main, avec un ciseau à ongles pour les plus fines, travail qu'elle réalisait après m'avoir couchée, durant ce qui aurait dû être sinon son temps de repos, du moins son temps à elle.

Ce chariot de conte de fées aurait pu glisser sur la neige aussi bien que voguer sur le Miroir mais Philippine préféra le faire admirer entre les meubles signés et les bibelots précieux du salon Doré. Voilà ce dont la nounou qu'elle avait trouvée pour moi était capable. La banquette du chariot ailé était le couvercle d'un coffre où étaient rangés de petits vêtements que Miss Bloo avait tricotés pour mes poupées. N'avions-nous pas là, sous les yeux, la manifestation d'un dévouement et d'un amour hors du commun ?

Miss Bloo a toujours été ma complice, mon alliée et j'ai abusé de sa bonté. On m'a accusée de l'esclavagiser mais alors, affrontant les justiciers à mes côtés, elle souriait.

C'est seulement quand j'ai eu mes enfants et qu'elle s'en est quelquefois occupée que j'ai commencé à m'interroger. Elle prétendait que, petite fille, elle désirait déjà s'occuper d'autres enfants. Vocation rare. Et un talent pareil, plus encore.

Ma première fille est née trois semaines trop tôt. La nounou qui doit m'aider pour que mon bébé *fasse ses nuits* ne peut se libérer avant la date prévue, je demande à Miss Bloo si elle veut bien prendre le relais. Officiellement, elle ne travaille plus, mais elle revient à Noël et pour les vacances d'été.

Et hop.

Elle ne s'est pas occupée de nouveau-nés depuis qu'elle a fait la *J.B. Priestley School of nannies*, il y a de cela quarante ans. (J.B. Priestley était un auteur à succès qui, impressionné à la fin de la guerre par le nombre d'orphelins, jugea qu'il fallait former les femmes qui allaient s'occuper de tous ces enfants et fonda cette école.) Elle ne paraît pas inquiète, plutôt sereine et même excitée à l'idée de ce *blind date*.

Je ramène Eva dans son couffin à Lurances et l'angoisse me prend : vais-je savoir être mère ?

Je propose à Miss Bloo de donner un biberon. Une de ces petites bouteilles déjà remplies et offertes par la clinique pour faciliter la tâche les premiers jours, elle les observe comme si je lui demandais de jouer à la poupée.

Elle prend ma fille à deux mains et la tient devant son visage, elles n'ont pas la même taille mais elles se font face. Elle commence à lui parler en la regardant dans les yeux. Comme première nourriture, le verbe passe avant le lait. Au bout de quelques minutes, Eva couine, Miss Bloo ne prend pas le biberon que je lui tends, elle continue à lui parler jusqu'à ce que ma fille s'agite vraiment. Miss Bloo approche enfin la tétine de sa figure, Eva happe avec ses lèvres et accroche en même temps une main au rang de perles qui se balance devant son nez. Elle tire joyeusement dans tous les sens et Miss Bloo sourit, attentive avant tout au bon déroulement de ce premier repas à la maison. Le collier finit par rompre.

Je voudrais intervenir mais d'un geste du menton, Miss Bloo me l'interdit. Toutes les perles coulent dans les plis de sa robe, elle a juste le temps d'écarter ses jambes pour que l'étoffe soudain tendue les retienne. Je la regarde avec admiration, avec reconnaissance. Je ne pourrais jamais faire mieux mais étant donné que je vais apprendre avec elle, au bout du compte, ma fille ne sera peut-être pas trop mal servie.

C'est seulement quand Eva est née que j'ai commencé à penser à ma nounou. À partir du moment où c'était *moi* qui me payais les services de Miss Bloo. En plus et je devrais dire, *par-dessus le marché*, ma Rolls de nounou était très peu chère.

Miss Bloo m'a expliqué que les familles qui proposaient des gros salaires avaient généralement des problèmes à se faire pardonner. Peut-être. Je suis certaine que dans celle de Dora, elle n'était pas mieux payée.

Ce qu'on peut dire, c'est qu'à défaut de gagner de l'argent, une nounou fait partie de la famille.

Miss Bloo était plus qu'un membre à part entière de la nôtre, elle contribuait à l'unité familiale en achetant à Noël les cadeaux pour les enfants de la part d'un grand nombre d'adultes, en rendant mille services à tous et en toute discrétion. Elle ne revendiquait jamais rien pour elle-même, paraissait toujours satisfaite de son sort et en paix avec elle-même. On aurait même pu croire qu'elle était l'auteur de la pièce de théâtre qui se jouait en permanence à Lurances, qu'elle tirait les ficelles depuis les coulisses.

À Lurances, au cimetière, Miss Bloo est enterrée dans le caveau de ma famille.

A-t-elle fait partie de celle de Dora ? Oui, pendant dix-huit ans et puis, non.

Dora habite avec sa fille un appartement sous les toits d'un palais à Madrid. Elle est revenue pour s'occuper de son père qui loge à un autre étage et qui vieillissait seul. Dora a eu cette fille avec un fameux journaliste de la télévision il y a dix-huit ans et alors elle ne s'est pas mariée.

Après le roman à scandale, ça n'a pas dû arranger les relations avec les siens.

Dora invite sa fille à nous laisser et me raconte *sa* Miss Bloo. Oui, il est exact que sa mère l'a « donnée » à l'âge de trois ans en précisant qu'elle la reprendrait à dix-huit ; les affaires de l'enfance et de l'adolescence ne l'intéressant pas, elle s'occuperait de Dora une fois qu'elle serait en âge d'être mariée. Miss Bloo avait été surprise, le jour de l'anniversaire, en trouvant ses valises bouclées au pied de l'escalier.

Dora et Miss Bloo ont passé quinze ans en tête-à-tête mais elle n'éprouvait pas les mêmes sentiments que moi pour cette femme.

Pour qu'elle ne fasse pas pipi au lit, Miss Bloo l'empêchait de boire pendant qu'elle dînait et Dora devait supplier les domestiques pour qu'ils dissimulent avant la nuit un verre d'eau près de sa chambre.

Les religieuses de son école avaient dit que la petite était bavarde, Miss Bloo avait confectionné un bâillon en satin blanc, ça allait avec tout, ça faisait même assez *habillé* et le leur avait fièrement proposé – Dieu merci, elles ne s'en étaient jamais servies.

Miss Bloo avait souvent fessé Dora, une fessée déculottée. Elle ouvrait la porte de l'armoire grillagée où étaient accrochées les affaires d'équitation de la petite et Dora pouvait voir la cravache qui pendait et dont Miss Bloo se servirait peut-être la prochaine fois.

Dora détestait tellement sa nounou qu'un jour, elle emballa dans des mouchoirs en papier ses excréments et nicha les petits paquets dans les poches du cardigan de Miss Bloo également accroché dans l'armoire aux portes grillagées. Miss Bloo a toujours des mouchoirs en papier remontés dans ses manches pour essuyer morve ou miettes sur les visages des enfants.

C'est Miss Bloo qui m'a parlé du cagibi dans le palais, dont l'unique fonction était de contenir les pièces d'argenterie cabossées que les parents de Dora s'étaient jetées à la tête. C'est elle aussi qui m'a décrit la propriété à la campagne, avec le théâtre de verdure et la piscine en mosaïque noire autour de laquelle les invités se faisaient photographier, Eroll Flynn, Somerset Maugham, Fulco di Verdura avec elle quelques fois même si elle ne se baignait jamais, des photos qui se chevauchaient les unes les autres sous un épais vernis, façon *scrap-book*, et décoraient les arcades autour de la piscine. L'été, ils dînaient tous les soirs dans un coin différent du jardin, dans le théâtre aussi, le théâtre de verdure qu'on voit dans beaucoup de beaux livres, avec les niches en thuyas et les bustes en pierre. À Madrid, le père de Dora tentait parfois des dîners à quatre, comme s'ils formaient une petite famille normale. Mais la mère de Dora, qui ne voulait pas sortir de sa chambre et du lit où elle passait d'habitude la journée, se vengeait en mangeant le plus lentement possible, les petits pois un à un du bout de sa fourchette ; la fillette s'endormait à table et au bout d'un certain temps, exaspéré, le père se levait et disparaissait en claquant la porte.

Dora m'a seulement raconté des horreurs sur Miss Bloo, et je suis rentrée à Paris durablement troublée. J'étais partie pour essayer de comprendre mieux celle qui s'était occupée de moi et à qui je confiais ma fille, je voulais connaître sa vie d'avant et maintenant, je n'arrivais pas à croire qu'il puisse s'agir de la même personne.

Dans mon roman, Miss Bloo se suicidait parce qu'elle avait lu ce que Dora disait d'elle. Miss Bloo racontait toute cette histoire et je laissais le lecteur choisir qui il voulait croire, la nounou extraordinaire ou l'écrivain que j'avais interviewée.

Aujourd'hui, j'ai une hypothèse pour expliquer cette dichotomie invraisemblable.

Il est possible qu'à cette époque plus ancienne de sa vie, Miss Bloo se soit montrée plus stricte. Elle appliquait peut-être les principes d'éducation qu'on lui avait appris à la *J.B. Priestley School* mais surtout, elle avait peut-être voulu faire paraître les parents de Dora moins fous aux yeux de la petite elle aussi en faisant des choses un peu bizarres. Si son papa et sa maman s'amusaient à cabosser l'argenterie, Miss Bloo pouvait bien coudre des bâillons en satin blanc. Je me suis dit cela mais je n'y croyais pas.

Dora a commencé par écrire un roman donnant à voir les réalités de sa famille et, bien entendu, ceux qui se sont retrouvés portraiturés n'ont pas apprécié. Dora est devenue *persona non grata* parmi les siens. Elle a continué à écrire et puis elle a eu une fille. Elle a dû élever cette enfant en mère célibataire. C'est alors qu'elle a fait un choix, elle n'a pas voulu priver sa fille d'un certain monde et d'une certaine enfance, de ce qu'elle avait connu dans le palais à Madrid et dans la villa à la campagne où beaucoup de gens célèbres continuaient à défiler.

Elle s'est réconciliée avec sa famille pour que sa fille puisse connaître ce décor. Psychologiquement, la contorsion n'a pas dû être facile.

Dora a eu une enfance malheureuse. Elle doit bien faire porter le chapeau à quelqu'un. Alors, elle invente cette histoire d'une Miss Bloo monstrueuse.

Et hop.

Maintenant que Miss Bloo n'est plus avec elle, pourquoi ne pas dire que cette femme l'a séquestrée, torturée ? Ses parents, qui étaient peut-être un peu spéciaux, eux-mêmes, de grands enfants, n'ont pas su, ou pas voulu voir le drame qui se jouait sous leur toit : leur petite fille sous l'emprise d'une jeune femme aux méthodes éducatives très discutables.

L'interdiction de boire, le bâillon, la cravache semblent droit sortis d'un de ces témoignages qu'on peut lire dans une certaine presse féminine. On se demande…

Dora ne pouvait pas souhaiter que sa fille entretienne des rapports avec cette famille si elle se remémorait son enfance. Elle devait oublier ses parents qui, ni l'un, ni l'autre, n'avaient désiré l'être.

Je ne sais pas quels livres Dora a écrits après le roman scandaleux, je ne lis pas l'espagnol et Miss Bloo m'a seulement parlé du premier.

Je ne dis pas que Dora aurait dû rester brouillée avec les siens ; pourquoi ne pourrait-on se montrer magnanime, n'aurait-on le droit de pardonner ? Dans l'intérêt de sa fille ou pour son propre compte. Mais qu'elle trafiquât pour y parvenir le souvenir de Miss Bloo me choque.

Si jamais Dora lit ce que j'écris – elle lit le français –, m'en voudra-t-elle ? Peu m'importe.

Miss Bloo est morte, elle ne s'est pas suicidée à l'aide de ballons, elle est morte alors qu'elle s'occupait de ma troisième fille, un été, à Lurances. Peut-être aurait-elle dû se ménager davantage. Moi, davantage la ménager.

Peu m'importe que l'autre écrivain ne devienne pas mon amie, je n'ai pas envie de fréquenter ceux ou celles qui, pour écrire une bonne histoire, sont prêts à trahir leurs alliés les plus fidèles, ceux qui les ont aimés.

Je n'ai peut-être pas envie de fréquenter cette famille-là d'écrivains mais suis-je réellement en train de faire autre chose ?

Et contrairement à Dora, je n'ai pas l'excuse d'une enfance malheureuse.

SE CHANGER

La fête des anniversaires marque la fin de l'été et des grandes vacances. Ma mère, le fils d'une de mes sœurs et moi sommes nés le même jour. Trois générations se réunissent et nous nous déguisons, il y a toujours un thème. On n'achète, on ne loue rien, on fait avec ce qu'on trouve, on joue le jeu avec enthousiasme et Miss Bloo fait les gâteaux. Il est très agréable de pouvoir s'afficher comme tel ou tel personnage ou métamorphosé. On a d'autant plus de plaisir à se retrouver qu'on est tous, enfin, transformés.

Chacun a été inspiré, il y a quelques années, par le thème de la mafia. Les hommes portent des costumes clairs et des chemises noires, ils sucent des gros cigares, les petits garçons aussi mais sans les allumer. Certains ont ouvert leur chemise pour montrer leurs poils ou leur chaîne dorée, d'autres vous fixent de derrière leurs Ray Ban à verres miroir.

Mon neveu anglais a gominé ses cheveux comme jamais, même à Eton, on ne lui a pas demandé de le faire.

Pour la première fois, les hommes et les garçons passent devant les femmes pour se rendre jusqu'à la salle à manger. Ces dernières paraissent tout droit sorties d'un film de Coppola. Des poules *swing*. Des perruques, de courtes robes à franges, de longs sautoirs qui fouetteront les alentours quand elles iront danser. La mafia époque charleston.

Les mafieux boivent du champagne sur la terrasse côté Miroir, les hommes font remarquer le parfum des daturas qui, le soir, remonte depuis les pots sous les arcades, les femmes comparent en riant leur habileté à cogner leurs genoux.

Malgré les apparences renouvelées, nous parlons des mêmes choses d'une année sur l'autre. Pour oublier la mort qui apparaît de plus en plus nettement sur les visages ?

Sur les photos, les hommes en costumes clairs ou moirés, les femmes aux robes en lamé et aux perruques brillantes se détachent dans la nuit d'été. Les fleurs autour d'eux, celles qui passent par-dessus la balustrade paraissent fanées, ou plutôt fausses.

CIRQUE

Philippine formait une nouvelle femme de chambre.

Elle énumérait ce qu'elle désirait sur le plateau du petit déjeuner : un napperon, le lait pour le thé dans la petite vache en Delft, la saccharine dans la jolie boîte à pilules, les toasts ni trop durs, ni trop mous.

— Quel cirque ! lança la future éventuelle femme de chambre en souriant comme si elle n'était pas contre le cirque, comme si elle était heureuse de pouvoir grâce à ma mère continuer à aller régulièrement au cirque.

Le lendemain matin, la future éventuelle apparut triomphalement dans l'embrasure de la porte, le plateau du petit déjeuner sur les bras et le *tea-cosy* – la cloche en tissu molletonné pour garder la théière au chaud –, en guise de couronne.

Je me demande comment ça s'est terminé.

Elle n'est pas restée.

A-t-elle immédiatement, sous les yeux de ma mère, ôté ce qu'elle avait pris pour un couvre-chef ? L'a-t-elle un peu tapé au-dessus des draps pour lui redonner forme et que ses cheveux tombent, s'il y en avait ? Et l'a-t-elle sans plus de façon enfoncé sur la théière lisse et brûlante ou a-t-elle préféré ne rien faire, remettre au lendemain et n'en penser pas moins ?

Philippine a dû chercher une autre femme de chambre mais, grâce à celle-ci, elle a une histoire à raconter qui montre qu'elle est capable de prendre un peu de distance vis-à-vis d'elle-même ou des siens et de leurs mœurs.

En vérité, ma mère tient autant à cette histoire qu'à son plateau bien présenté.

IMAGINATION

Les parents de la cousine de mon cousin se trompaient, et ils passaient leurs étés tous ensemble avec plein d'amis dans une belle maison en Corse. Mes autres cousins avaient des parents divorcés et ils étaient beaucoup plus gâtés que moi. Ils allaient au Club Med, tantôt avec leur père, tantôt avec leur mère, ils recevaient des cadeaux qui coûtaient cher, un avion télécommandé, une moto pour faire des parcours, un poney ; moi, à part le cygne de Miss Bloo, je ne me rappelle aucun cadeau remarquable. J'étais jalouse.

Pour me consoler d'avoir des parents qui s'aimaient, je me suis attribué certaines qualités.

Je me sentais seule à Lurances, mes sœurs étaient d'une autre génération et je ne pouvais pas jouer tout le temps avec les garçons du château d'à côté.

(En tant qu'aîné, mon père avait hérité d'un château pour lui tout seul, tandis que trois de ses frères s'en partageaient un autre.)

Je rédigeais des listes de tout ce que mes cousins avaient et, pour ne pas me sentir lésée, je me dotais de qualités morales. Puisqu'eux *avaient*, moi, je *serais* ceci ou cela. Et ces dons que j'allais m'attribuer, je n'oublierais pas de les cultiver.

Première qualité : une volonté que personne ne pourrait infléchir. Pour prendre mes désirs pour des réalités, j'étais obligée de m'accrocher à cette barre-là. Et pour jouer avec mes cousins, étant la seule fille, je devais m'imposer. Les complicités tendres n'étant pas encore à l'ordre du jour, je proposais les jeux et surtout les règles des jeux, j'étais la chef.

La deuxième qualité dont, telle une bonne fée, je me dotai, fut l'imagination. Aujourd'hui, je me demande : ai-je jamais fait preuve d'une grande imagination ?

Quand j'écris, ma première envie est plutôt de décrire ce qui ne l'a pas encore été.

Inversement, Lurances, ce parc et ce château m'inspirent comme un lieu qu'on peut seulement rêver. Quelle est alors cette imagination qui me met dans une position isolée comme si, de la propriété, je n'avais pas la même idée que les autres ?

Je nous revois quittant la salle à manger à Lurances, je ne me souviens pas de ce que j'avais dit ou fait, « Quelle imagination ! » lance mon père, la main sur mon épaule, et prenant les autres à témoin. Papa se moque-t-il de moi ou me fait-il un compliment ? Quelle imagination ?

Je vais avoir vingt ans, mon père m'a proposé de l'accompagner en Argentine, le pays de sa mère.

Je ne suis pas contre la chasse ; en France, s'il n'y avait pas de chasseurs, il n'y aurait plus de faisans ni d'alouettes dans les champs. Ce sont eux qui ont veillé à maintenir un peu de vie animale dans le paysage, certes pour en tuer une partie, mais c'est le résultat global qui doit être apprécié. Tirer – ce qui signifie pour les chasseurs que je connais se placer en battue et essayer de tuer ce qui viendrait à voler au-dessus de leur tête ou à courir vers eux – ne m'a jamais amusée même si, à dix-huit ans, j'ai passé mon permis. Il m'arrive de suivre une chasse parce qu'il fait beau et que j'ai envie de prendre l'air ou parce que les sandwichs qu'on distribue à l'heure du déjeuner sont infiniment supérieurs à ceux des meilleurs salons de thé à Paris, et parce que j'aime marcher en rang dans les bois avec les rabatteurs.

Mon père va tirer un cerf dans le Sud, en Patagonie et si je veux, je peux aussi. Il ne m'accordait pas un privilège inouï. Mes sœurs aussi ont tué leur cerf.

Les plus belles têtes couronnées de la planète se rencontrent dans ce qui est déjà un vieux pays du Nouveau Monde. Les cerfs ont été introduits au XIXe siècle par des Européens curieux de voir comment la race évoluerait. Ils firent émigrer quelques-uns des plus *nobles* individus qui se trouvaient au cœur de la *Mitteleuropea* et ces cerfs prospérèrent dans des immensités sauvages au sud du Chili et de l'Argentine.

Ce fut mon premier cerf et le dernier. Le rite de passage se déroula d'une drôle de façon. Cette histoire illustre la manière dont mon imagination se met en branle toute seule. Non seulement sans que je lui en donne l'ordre mais sans non plus que j'aie le sentiment de dire autre chose que la vérité.

Pour me montrer, mon père tirera le premier. Nous nous sommes exercés sur une cible pour régler nos carabines et pour m'habituer au maniement de cette arme. Je ne m'attendais pas à un tel recul. Quand la carabine fit un saut en arrière, la lunette fixée au-dessus du canon me heurta entre les sourcils et m'entailla la peau.

On chasse à cheval. Un garde nommé Trevor ainsi qu'un *péon* nous accompagnent. Le premier doit choisir le cerf et déterminer l'approche. Le second videra l'animal et rapportera la dépouille comme une belle endormie en travers de sa monture. Il fait encore nuit quand nous partons.

Nous nous enfonçons dans les montagnes sous les étoiles, au pas. Il faut avoir progressé le plus possible avant le lever du soleil parce qu'après, m'explique-t-on, le risque n'est pas tant que les animaux ne nous voient mais le vent se levant en même temps que le soleil, ils pourraient nous sentir. Les rochers sont capitonnés de lichens turquoises discrètement phosphorescents. J'ai vu un tatou qui traversait le chemin, pas affolé mais pressé comme le lapin d'Alice. Un arbuste mou et pâle qui chatouille le ventre des chevaux dégage une odeur de curry – à cette heure, on remarque les parfums parce qu'on ne peut à peu près rien voir. Cette promenade pourrait durer longtemps, je me sens bien, nous progressons tranquillement sur le flanc des montagnes, emportés par nos chevaux vers le centre de la terre. Nous sommes seuls dans une des régions les moins peuplées du monde, les moins peuplées par les animaux aussi et j'ai le sentiment d'habiter mon humanité – rarement cette impression à Paris.

Nous voyons enfin ce que nous poursuivons sur l'autre pente d'un ravin profond plein de rochers au fond duquel un peu d'eau serpente, nous espérons qu'il ne nous a pas vus. Le cerf n'est pas loin à vol d'oiseau et se trouve à notre niveau.

Les Européens descendent de cheval. Trevor se place devant mon père pour que ce dernier puisse poser le canon de sa carabine sur son épaule et prendre son temps. Le coup part, le cerf tombe et roule jusque dans le lit de ce qui au printemps doit être un torrent, un galet à peine plus gros que les autres. Trevor regarde avec ses jumelles et annonce :

— Pattes cassées, pattes avant, il faut tirer encore.

Mon père recharge et vise longuement.

J'ai emprunté les jumelles de Trevor, je regarde l'animal, il est tombé dans l'eau à genoux sur ses pattes avant, comme s'il avait très soif. La vallée encaissée réverbère le coup de feu. Le cerf a l'air de faire non de la tête, ses bois dans un sens et puis dans l'autre, ainsi font, font font les petites marion-nettes. Ce n'est pas une mort rapide et *propre*.

M'avoir donné un si horrible spectacle contrarie mon père. Vraiment pas un modèle à suivre. Je ne suis plus sûre de vouloir tirer un cerf. Mon père avait une réputation de grand fusil. Est-il possible de faire pire ?

On se remet en selle et on part dans une autre direction. Je ne vais pas tout remettre en question maintenant. Cela humilierait mon père – il vient de faillir à sa réputation et, maintenant, le *péon* et Trevor vont constater l'autorité limitée sur sa fille… Je me tais, je garde ma place dans la procession qui grimpe la montagne.

Nous contournons un petit bosquet plus vert que le reste du relief pelé, et sur un palier, Trevor fait signe de s'arrêter. Mon père et moi, nous n'avons rien vu. En quelques gestes, et justement pour les limiter, le garde me fait descendre de cheval, le *péon* et mon père restent en selle. Trevor et moi rampons jusqu'à un buisson par-dessus lequel il étend sa veste.

On est allongé coude à coude, Trevor et moi, le menton dans les épines, je cherche dans la lunette, je trace avec mon arme un arc de cercle très lent.

Un buisson beige haut comme un homme et autour, des herbes denses et soyeuses. Soudain, une partie du buisson se détache, les bois pivotent et me font face. Je ne vois ni son corps, ni sa tête mais lui doit me voir, je n'ai pas beaucoup de temps. Trevor me rappelle où tirer.

Je n'ai aucun souvenir ni du bruit, ni du recul. Le cerf fait quelques petits pas en notre direction comme pour mieux se faire voir, j'ai le temps de me demander si je l'ai touché et il tombe, je n'ai pas à tirer une deuxième fois. Je suis soulagée, la journée de chasse est terminée, nous allons rentrer et je vais pouvoir consigner cette expérience dans mon journal.

Le *péon* a rejoint plus vite que moi le cerf tombé, il a pris les mesures des bois avec ses mains nues, je ne sais pas ce qu'il comptait ni comment, il a ouvert la bouche de l'animal pour je suppose confirmer au vu de l'état des dents l'âge qu'il devinait. Une tête à son sommet. Papa était content, mission accomplie.

Trevor fait un signe au *péon* qui prend le couteau glissé derrière sa ceinture et le plante sous les dernières côtes de l'animal, qui est maintenant étendu sur le dos. Il descend sa lame aussi facilement qu'il tirerait une braguette. La peau, moins poilue entre les cuisses mais peut-être plus épaisse, résiste un peu et puis les pattes s'ouvrent en grand, les viscères vert anglais et un joli camaïeu de rouges remontent à la surface et lentement se déversent. Les chiens, qui ont trottiné avec nous tout au long du périple, sont dans un grand état d'excitation, il faut vite les satisfaire. Le *péon* ramasse à pleines mains les paquets mous, les jette sur un buisson, Trevor donne aux chiens le signal et ils se précipitent.

— Photo, photo…

Je vais me placer, un genou à terre et pinçant les *andouillers* les plus hauts, m'apprête à sourire lorsque mon père me gifle mollement avec une main dégouttante de sang. Je ne devrais pas être surprise, ça fait partie des usages, on est *ondoyé* avec le sang de la première grosse bête à poils qu'on tue.

Il a glissé ses doigts dans le ventre de l'animal vidé mais encore bien saignant, en passant, son appareil de photo dans l'autre main et je n'y ai pas fait attention.

J'ai gardé la photo mais j'ai sur moi une preuve autrement plus tangible.

De retour en France, une petite tache est apparue entre mes sourcils. Je me vois désormais comme une princesse indienne. Un petit peu de sang du cerf est entré sous ma peau, à l'endroit de la plaie et avec le soleil qui tapait, j'ai été *marquée* en profondeur.

J'ai voulu remercier mon père pour cet extraordinaire voyage en lui offrant le récit de nos aventures. Il le lit devant moi, d'avance amusé. Il relève enfin la tête, sourit toujours mais un de ses sourcils est plus haut que l'autre.

— Si vous voulez des ancêtres juifs, vous en avez, j'en ai mais pas de ce côté…

J'ai inventé toute une histoire.

Le discours qui accompagne la pratique de la chasse aux cerfs en Argentine peut en rappeler d'autres : on parle d'améliorer la race et pour ce faire, il faut éliminer les sales gueules, les moches, les dégénérés. On a le droit, bien sûr, d'en tirer un beau de temps à autre, un animal dont les bois sont à leur plus grande envergure, grosseur, symétrie et, l'année d'après, ne manquera pas de *ravaler* mais ce n'est pas ce qu'on tire le plus souvent.

Avec le recul, il me semble que la mort du premier cerf m'a moins heurtée que le *style* de Trevor.

J'ai peu apprécié son ton quand il s'est adressé au *péon* et pas plus la manière dont il a tué le petit lama au cou trop long, mal parti dans la vie, à côté duquel on est passé en Land Rover ; il a fait le tour de la voiture par derrière, l'a tué d'un coup de fusil à bout portant, est remonté au volant et sans un mot, on est repartis.

Trevor portait des culottes de peau avec des bretelles. Ses cheveux blancs étaient coupés très courts, ses traits comme taillés dans la roche et son regard turquoise faisait penser à un lac au sommet des Alpes, il avait des airs d'ex officier allemand retiré aux champs.

Trevor était peut-être un ancien nazi qui se cachait en Argentine.

Je ne me contentais pas de cette hypothèse. J'élaborais tout un échafaudage de suppositions qui s'emboîtaient très bien les unes dans les autres.

Le nom de ma famille en Argentine était peut-être un nom juif. Il y avait des origines dont on avait oublié de me parler – on parlait assez peu de nos origines. Le phénomène était étonnant : un ancien nazi employé par d'ex juifs. Pourquoi, comment cela pouvait-il être ? À quel retournement de l'Histoire assistai-je là ?

Mon père voulait bien comprendre que la phraséologie qui accompagnait la chasse ait pu m'avoir fait penser à l'idéologie nazie mais il s'agissait d'animaux, une population qu'on essayait de maintenir sur un territoire ; quand on éliminait un individu, d'habitude, ça se passait moins mal, ma comparaison n'était donc pas appropriée. Quant à Trevor, mon père me l'assura : comme tous les bons gardes, il était anglais. Il admit que celui-ci manquait de charme mais en faire un criminel de guerre planqué par ma famille, il ne me suivait pas.

Je n'avais pas écrit que mes oncles employaient ce type en connaissance de cause mais je devinais qu'il pouvait y avoir des correspondances entre la personnalité de Trevor et ce dont ils avaient besoin.

J'ai aimé arpenter ces paysages qui évoquent la préhistoire et ne font penser à aucun autre pays, aimé monter à cheval la nuit comme si nous étions des clandestins ou des échappés qui devaient traverser des frontières mais pas tellement la chasse et Trevor, je l'ai détesté.

Pour donner du sens à cette expérience qui m'avait laissé des sentiments ambivalents, j'ai inventé deux histoires. Le sang du cerf qui était entré sous ma peau et m'avait marquée pour la vie. Et puis des parents à l'origine juive qui payaient un ancien nazi pour leur permettre de tirer des beaux cerfs en Argentine.

Pour essayer de comprendre, je dois faire preuve d'imagination…

(C'est à notre ancêtre juif que nous devons d'avoir Lurances. Il était extrêmement fortuné et suisse. Il se convertit au catholicisme à la fin de sa vie et aida la France à acquitter sa dette de guerre envers l'Allemagne après 1870. La petite fille de Samuel de Haber épousa un Ganay. Durant la Seconde Guerre mondiale, il fallut effacer les traces de cette ascendance.)

J'avais le sentiment que nous étions des victimes, les cerfs et moi. Ils ne choisissaient pas leurs têtes. Et moi, allais-je pouvoir choisir ma vie ? Tous des victimes, Trevor qui pensait devoir être une brute comme si son métier le lui commandait et ma famille là-bas qui se retrouvait obligée d'engager un individu de cette espèce pour pouvoir continuer à *améliorer la race des cerfs.*

ANECDOTES

Peut-être pas par hasard si un certain nombre d'aristos essaient d'*améliorer la race* des cerfs (en Argentine). À défaut de pouvoir eux-mêmes être *les meilleurs*, ils seront les plus grands alliés des têtes couronnées dans le règne animal, les protégeant ou les tuant, en bonne intelligence.

Que ne suis-je encore en train d'imaginer ?!
Ma mère m'a-t-elle appris à m'élever pour me retrouver parmi *les meilleurs* ?

Nous avions croqué un bouquet, elle, à l'aquarelle, moi, au crayon de papier sur le perron du grand escalier à Lurances, dans la lumière du nord ; des *Paper Whites*, ses narcisses préférés, qui sentaient particulièrement bon, mélangés à mes roses rouges favorites, les *Ena Harkness* au parfum renversant, ce qui, du point de vue de la nature et des saisons, n'est pas vraisemblable, les narcisses et les roses ne fleurissent pas au même moment. Comparions-nous nos talents de peintre ou lui avais-je donné à lire une de mes premières nouvelles, celle qui nous faisait suivre cette femme âgée et sans famille qui, tous les jours, allait s'asseoir sur des quais à la station de métro Châtelet pour voir la vie qui passait ? Toujours est-il que ma mère considéra le moment opportun pour me mettre en garde.

— On ne peut pas être un petit artiste. On peut être un petit banquier, ou un petit… pharmacien.

Cette déclaration me mit mal à l'aise.

Elle est *castratrice* mais ne me déplaît pas cependant complètement…

Maman désirait me protéger : la vie d'artiste, ce n'était pas forcément le bonheur. Elle avait vu ceux qui tournaient autour de sa tante Marie-Laure.

Elle exprimait aussi son respect, le respect qu'elle éprouvait face à la création. Elle aimait redécouvrir le monde à travers les yeux des grands artistes. Manet et Morandi lui donnaient vraiment du plaisir.

L'avertissement exprimait aussi son sentiment à l'endroit de ceux qui se contentaient de faire de l'argent, d'un métier dans la finance, et c'est ce que faisaient la plupart des hommes dans ma famille, les plus inspirés, des affaires, les moins inspirés se contentant de protéger leurs rentes.

Il faut remarquer que ma mère évoquait ces métiers au masculin : pharmacien, banquier. Un artiste, il pouvait s'agir d'un homme ou d'une femme mais Philippine imaginait plutôt un homme.

Cette opinion de ma mère en révélait une autre. Les grands artistes constituaient à ses yeux une sorte d'aristocratie. Si on s'engageait dans cette voie, il s'agissait de ne pas lambiner en chemin, le chemin n'intéressait d'ailleurs personne, et de ramasser ses cliques et ses claques pour aller au plus vite s'installer à l'étage des meilleurs.

Était-on obligé de rester à cet endroit ? Avec seulement le droit de fréquenter d'autres grands artistes ?

Pouvait-on tout de suite, dès le départ, être un grand artiste ? Ne fallait-il point pour commencer apprendre, gravir les marches, faire des erreurs ?

Je ne prétends pas avoir entendu un défi, je ne me suis pas dit : je ne veux pas être un petit banquier ou un petit pharmacien et d'autant moins que je suis une fille. Je serai donc une grande artiste. Je ne dis pas non plus avoir eu envie d'être une petite artiste pour ne pas être *grand* aux yeux de ma mère. Ce serait reconnaître un déterminisme immense de la mère sur la fille, et considérable, mon masochisme.

J'ai aspiré à être quelqu'un de difficile à juger, d'impossible en tout cas à *mesurer*.

Le nombre de phrases ou anecdotes que je tiens de ma mère m'étonne. Elles m'ont fait réagir, aller parfois dans le sens contraire, je ne les oublie pas, elles constituent des sortes de garde-fous au sens où si je m'y étais arrêtée, je serais devenue folle.

Quand Philippine n'était pas en train de dissuader sa dernière fille de s'engager sur la voie artistique, elle racontait l'histoire suivante.

À un grand dîner, une jeune fille a été placée à côté d'un homme beaucoup plus âgé qui l'a interrogée sur la manière dont elle envisageait l'avenir.

— J'aimerais rendre un homme heureux, a répondu la fille avec un aplomb certain mais aussi beaucoup de douceur.

Elle ne l'a pas regardé en disant cela, lui, si. Même si cette histoire date des années cinquante, on ne devait pas entendre de déclarations comme celle-là très souvent. Avant la fin du dîner, il lui demande si elle veut bien l'épouser. Ce n'était pas une blague. Ils se sont effectivement mariés. Et, paraît-il, ont été heureux.

La simplicité du programme me laissait perplexe. Était-ce possible ? Fallait-il croire une telle fable ? Conte de fée ou histoire d'horreur ? Philippine de Noailles de Mouchy de Poix racontait cela parce que, pour ses filles et leur bonheur, elle n'imaginait pas de voies plus sûres que le mariage et la maternité.

Jamais je ne formulerais un tel vœu. Étais-je un monstre d'égoïsme ? J'avais deux ou trois choses à faire avant de m'asseoir à ma fenêtre pour attendre le prince charmant. Avant de rencontrer l'homme que je voudrais rendre heureux, je devais d'abord me rencontrer.

Ma mère aurait pu être ma grand-mère, elle était âgée de quarante ans quand elle me mit au monde.

Je suis une fille de vieux, pas au sens où mes parents ne surent pas comment me parler – ils montrèrent au contraire une bonne volonté certaine et une grande ouverture d'esprit –, mais ma mère, non pour se vieillir mais pour relativiser l'importance des générations ou l'étendue du XXe siècle, aimait rappeler qu'elle avait eu la même manucure qu'Eugénie de Montijo. (Cette dernière avait commencé sa carrière par les mains de l'impératrice déjà âgée et s'était occupée de celles de ma mère alors qu'elle venait de se marier ; n'y voyant presque plus goutte, elle l'avait d'ailleurs bien charcutée.)

Je revois sa mère, ma grand-mère faisant de la tapisserie. Ses lunettes, le dé en or. Quand elle n'était pas dans son jardin, Granny réalisait des ouvrages au petit point ou en tapisserie avec lesquels elle recouvrait les meubles non signés de son salon.

Granny fut une très jeune veuve et ma mère raconte que si elle s'était remariée, ses enfants auraient été horrifiés.

Faire de la tapisserie est peut-être le contraire de *faire tapisserie*.

À un autre grand dîner, un dîner de fiançailles auquel Philippine était conviée – une très longue table, on en voyait à peine les extrémités –, la jeune fille faisait admirer la bague que son promis lui avait offerte ; pour qu'on puisse mieux voir, elle la retira de son doigt et la fit passer. Après un moment qu'elle considérait plus long qu'il ne fallait à ce bijou pour être apprécié de tous, elle demanda à le récupérer. Tous, oui, tous l'ont admiré. Et il a disparu. Le maître de maison ne s'affole point, montre à l'assemblée sa boîte à pilules, un petit œuf de Fabergé, et demande qu'on éteigne les lumières.

— Les plaisanteries les meilleures, comme nous le savons, sont brèves. J'invite celui ou celle qui a voulu nous réveiller de notre dangereuse torpeur en nous jouant ce tour, à déposer la bague dans cette petite boîte que je vais faire passer.

Quand la lumière revint, le Fabergé avait disparu. Je me demande comment le maître de maison a réagi. A-t-on appelé la police ? Prié tous les invités de vider leurs poches ? En tout cas, la fête était finie.

Je me sens plus proche du gentleman cambrioleur que de la jeune fille. Sachant se jouer des codes, il est le plus élégant des invités, le plus sexy. Le maître de maison admira le larcin à double détente, le *style* de son ennemi.

J'ai un ami américain qui a réalisé un documentaire sur l'aristocratie anglaise. Un duc donc j'ai oublié le nom affirmait à la caméra : *I'd rather be buggered than mugged*[1] !

Quand le prince Charles s'est invité à Lurances, il a offert en partant une boîte à pilules à mes parents, je me suis demandé lesquels d'entre nous étaient malades.

Frantz ne m'a pas donné de bague de fiançailles et je l'ai épousé.

---

1. « Je préfère être violé que volé ! »

STYLES

Ma mère m'emmenait goûter chez Granny le mercredi après-midi. Un hôtel particulier place des États-Unis ; de l'autre côté du square, il y avait celui de Marie-Laure de Noailles, sa belle-sœur, je n'y suis jamais allée mais, comme tout le monde, en ai entendu parler. Pas le même style mais un sens très sûr du décor chez l'une et chez l'autre. Des histoires de goût. Un de ces goûts aurait contribué à l'histoire de l'art du XXe siècle.

Chez Granny, un rituel m'était réservé. On m'apportait mon goûter sur un plateau qu'on posait sur une table basse aux incrustations de nacre. J'allais chercher le tout petit fauteuil Louis XV, qui logeait comme un chien dans sa niche sous une console en bois doré, une forêt de feuillage avec comme une grotte au milieu ; je le plaçais devant la petite table et faisais face et à ma mère et à ma grand-mère. J'enfonçais mes fesses entre les accoudoirs et tartinais mes tranches de pain de campagne tandis qu'elles parlaient.

Il y avait de la moquette sous le grand tapis carré de la manufacture de Savonnerie, les lustres et les appliques étaient montés avec des ampoules en forme de chandelles et certains tableaux étaient éclairés même l'après-midi. Des faux rideaux, des panneaux réalisés au petit point représentant les plis et les bouillonnés d'une étoffe, des guirlandes et des fleurs, un ouvrage en passementerie du XVIIIᵉ, encadraient le passage du petit au grand salon. Nous nous tenions toujours dans le petit.

Le Pacha, un Rembrandt dans les bruns, très lumineux, m'intriguait. On voyait un homme paré de soies blanches, étendu sur une sorte de canapé sans pieds, de face, un extraordinaire raccourci de son corps imposant, tandis que des figures obscures s'affairaient autour de lui. Allait-il rendre la justice ? Attendait-il des esclaves nues ? Ou le général des armées occidentales qu'il avait vaincu ?

Et puis je sortais pour qu'elles puissent cacher le dé. Le dé en or avec lequel Granny protégeait son index quand elle faisait de la tapisserie.

Le dé pouvait devenir un gland du cadre en bois doré Louis XIV, gland prêt à être cueilli sur les branches de chêne très feuillues qui encadraient un pastel de Quentin de La Tour, ovale d'azur ; je devais faire attention à ne pas confondre avec Fantin-Latour. Le dé pouvait servir de toque pour le petit magot turquoise – porcelaine de Sèvres ? de Chine ? – assis en tailleur et comme prêt à entrer en lévitation sur son minuscule tabouret en vermeil. Ou devenir le bouton d'une planche à écrire qui dépassait d'un meuble de coin en vernis Martin, il ne s'agissait pas d'un *bonheur-du-jour*, mais on pouvait rédiger là sa *lettre de château*.

Le jeu ne consistait pas tant à trouver le dé qu'à dire ce que je voyais. Je marchais lentement autour de la pièce et j'examinais chaque objet, chaque meuble, rien à déplacer, rien à retourner, je devais décrire ce sur quoi mes yeux se posaient, utiliser les noms propres et les noms communs appropriés, reconnaître, identifier.

J'ai appris ainsi à distinguer le *style* des meubles et s'il s'agit d'une paire d'appliques qui ont été fabriquées pendant le règne de Louis XIV, il ne faut pas employer le mot *style*, appliques Louis XIV suffit. Des appliques Louis XIV sont beaucoup plus rares et coûtent beaucoup plus cher que les appliques *style* Louis XIV qu'on trouve à Drouot. Et le mobilier *de style* est de tous le plus suspect puisqu'on ne précise ni le roi, ni l'artisan.

Je me promenais avec mon petit fauteuil, je le tenais derrière moi par les accoudoirs, comme une princesse qui aurait couru à ses rendez-vous en relevant les pans de sa traîne. Je me posais, je récitais : *duchesse brisée* et ployants ayant appartenu à la Grande Mademoiselle ; une rape à feuilles de tabac en forme de queue de castor et toute ciselée. *La Grande Galerie du Louvre* d'Hubert Robert était accrochée au-dessus de la tête de Granny. Le salon où je me trouvais continuait sous une verrière, des chefs-d'œuvre à perte de vue. À propos du coffre de voyage en marqueterie et bronze doré – j'essayais d'imaginer les porteurs qui avaient eu le droit de le déplacer –, je disais d'abord B.H.V., on riait et puis B.V.R.B. me revenait, les initiales d'un ébéniste inventeur d'un *Louis XV* aussi puissant qu'aérien.

Qualifier n'était pas à l'ordre du jour.

Devant *L'Escarpolette* de Fragonard, il existe plusieurs versions de cette œuvre célèbre, ma mère me disait voir un écran qui s'ouvrait pour la projection d'un film. Des frondaisons mystérieuses occupent les trois quarts du tableau, la balançoire est dans un coin.

Carmontel. François-Thomas Germain. Aubusson.

Je devais aller vite, donner tous les noms. Tout était mêlé ou plus exactement se présentait sur le même plan – celui des rois –, le nom des artisans, ceux des manufactures, ceux des artistes et même ceux de fonctions qui n'existaient plus.

Savez-vous ce qu'est un bourdalou ? Un pot de chambre qu'on glissait sous les robes des dames qui écoutaient les sermons de l'abbé du même nom, ils avaient tendance à durer. De nos jours, ces objets en porcelaine sont parfois employés en guise de saucières.

Granny aimait bricoler et ne manquait pas d'humour. Entre deux petits tableaux, elle avait accroché un camée sur un fond en velours de soie et, sur un cartouche presque aussi grand que l'objet, elle avait écrit : « Donné par le roi ». Un objet trouvé aux Puces. Quel roi ? Quand ? À quel ancêtre ? Cela n'avait aucune importance. Faire rêver suffisait.

Elle découpait les catalogues de vente pour recouvrir ses boîtes d'allumettes de tranches de lapis-lazulis ou de malachite en papier.

Granny portait des chemises à lavallière en soie imprimée et elle fumait. Ses cheveux permanentés – ma mère se coiffe de la même façon –, les gros nœuds mous de sa chemise et ses cigarettes entre ses doigts noueux et ridés de jardinière composaient à mes yeux un puzzle sans image modèle.

Adolescente, je voulais définir le *style* des gens.

Je considérais *classiques* les amis de mes parents qui habitaient le VIIe ou le XVIe, ce qui signifiait : pas fréquentables.

Je me sentais mal à l'aise dans ces intérieurs où le XXe siècle apparaissait si peu, où le salut ne semblait pouvoir être imaginé autrement qu'en imitant l'Ancien Régime.

On peut remarquer dans le cas de mon père et de mon beau-frère qu'ils ont le même nom mais pas le même *style*. Et alors ? Qu'est-ce que cela prouve ? Vive la diversité ! Vive la biodiversité !

On pourrait dire aussi que mon père n'a jamais su ou voulu partager le pouvoir à Lurances. Avec qui que ce soit. Il ne nous a jamais montré comment tout cela fonctionnait. On arrivait et on se mettait les pieds sous la table, comme des enfants gâtés, et il semblait que ce fût son plaisir. Il ne nous a jamais parlé des moyens qui seraient à notre disposition pour entretenir l'endroit. Ou qui ne seraient pas à notre disposition.

Faire connaître ces lieux, les faire vivre, les partager m'a toujours paru à la fois raisonnable et légitime. D'un point de vue économique et d'un point de vue politique.

Ma sœur Marthe a épousé un cousin, pas un cousin germain. Il y a plusieurs branches de Ganay. Ma sœur voulait peut-être continuer la lignée du côté de Lurances malgré le fait qu'on fût des filles. Au fond, c'était peut-être très généreux de sa part.

C'est Martin qui m'a fait savoir que certains membres de la famille étaient à une époque les bienvenus à Lurances tandis que d'autres l'étaient moins. Mon père était le chef de famille – de quelle famille ? de la tribu entière ? des cousins qu'on ne connaissait pas et qu'on croisait seulement aux mariages et aux enterrements ? Se pouvait-il qu'il n'ait pas toujours été comme nous, on le connaissait, juste et généreux ? Il avait ma mère et nous venions avec elle, il avait Lurances, il n'avait besoin de rien d'autre et besoin de personne.

Philippine prétend que le comble du chic dans un salon est de faire cohabiter les *styles*. Marie-Laure osait des mélanges plus surprenants que Granny ou ma mère.

C'est peut-être vrai pour des meubles ou des bibelots mais dans le cas d'individus... Dans un salon, mon beau-frère et mon père n'ont rien à se dire.

Martin a fait de brillantes affaires et on le consulte pour développer des entreprises qui sont déjà des *success stories*. Ne répétez pas : on ne prête qu'aux riches.

Mon père et lui n'ont pas la même culture. L'un a fait la guerre, l'autre, ses études en Amérique. La culture de l'entreprise. Je ne suis pas sûre de savoir exactement ce que cela signifie. On commence par apprécier les chiffres. Et puis on considère que toutes les habitudes sont mauvaises, même les bonnes.

Mon père dit parfois méchamment que Martin fréquente exclusivement le C.A.C. 40. Il est peut-être un peu jaloux. Un jour, il a dit qu'il pensait s'être bien occupé de Lurances mais qu'il aurait peut-être pu faire des choses plus intéressantes. Lorsque Martin vient à Lurances, le matin, on le voit jogger avec sa fille si jolie, petites foulées. Mon père ne comprend pas. Il y a tellement de choses à faire physiquement dans un parc. Et qu'il considère plus utiles. L'année dernière encore, pendant les vacances de Noël, après avoir retourné ses manches et revers de pantalon, il a préparé le curage d'un bassin, maman n'était pas contente, papa pouvait attraper la mort.

Quand ma sœur organise des week-ends dans leur petit château en Vendée, elle tient à ce qu'on annonce :

— La comtesse est servie.

Ma mère préfère :

— Le déjeuner est servi.

Deux *styles* ? Philippine n'a pas envie de se voir allongée de tout son long sur un plat en argent avec du persil dans les oreilles.

Le *style bourgeois* est à mes yeux celui de ceux qui savent où est leur place dans la société et qui y pensent souvent.

Quand Martin a épousé Marthe, mon père lui a annoncé qu'un jour, il aurait besoin de lui à Lurances. Martin a attendu longtemps. Et puis, il n'a plus attendu. Un jour, mon père a effectivement réclamé un coup de main. C'est Martin qui rapporte l'anecdote, apparemment sans rancune, en souriant.

— Il fallait réparer le grillage de l'enclos à sangliers, il a mis les outils et le matériel nécessaires dans le coffre de sa vieille DS, nous y sommes allés et là, vous n'allez pas le croire, c'est lui qui maniait la masse et moi, je devais tenir les piquets !

MOBILE HOME

J'aimais partager Lurances avec mes amis, ce n'était pas loin de Paris, un aller-retour dans la journée suffisait pour nous dépayser complètement ; ce n'était cependant jamais *simple*.

J'avais aménagé les chambres sous le toit, pas l'étage noble mais les plus belles vues. Loge de concierge de luxe, disais-je en faisant admirer l'axe nord-sud qui traversait ma chambre, j'avais ôté la porte pour qu'on se sente avec moi comme sur un tapis volant dans le paysage. Pas trop attachée, en surplomb.

Mes sœurs et moi avions chacune nos appartements à Lurances. Pour nous donner envie de venir et revenir, mes parents savaient que nous devions être indépendants les uns des autres et le plus tôt le mieux. Pour avoir peut-être envie de se voir, expliquaient-ils, il fallait pouvoir ne pas se voir.

On pourrait aussi dire : pour ne plus avoir envie de se voir, il faut s'être vus.

En montant à mon grenier, on passait devant leur chambre.

— On dit bonjour, dis-je en marmonnant sans me retourner vers ma nouvelle amie.

En arrivant sur le palier, je frappe et j'entre, je sais que ma mère nous attend, j'ai téléphoné pour annoncer notre venue. Elle se lève, vient à notre rencontre. Je ne sais plus ce qu'elle raconte mais mon amie l'écoute, émerveillée.

— Venez prendre le thé au salon tout à l'heure si vous voulez. Moi, j'y serai, conclut-elle en se tournant dans ma direction avec un sourire timide.

— On va d'abord faire un tour, je lui explique, et après, on verra. En tout cas, merci. Et peut-être à tout à l'heure.

J'ai emmené mon amie au fond du parc pour voir le château avec un peu de recul.

La première fois que Mélanie est venue, c'était l'automne, la brume retombait vite sur les plans d'eau. Nous avons marché et nous nous sommes retournées. Le château apparaissait comme posé sur un coussin, mirage. Le soleil couchant rosissait la brume. Après, nous sommes montées dans mes appartements pour nous réchauffer. J'ai une petite cheminée qui tire très bien, on est près du ciel.

Ma mère m'a prêté un grand lit de repos Louis XVI, une *radassière*. Elle m'a d'ailleurs appris que le mot *radasse* venait de là, une fille qui se couche facilement. J'ai constitué une bibliothèque non seulement très jolie, beaucoup de belles reliures, mais surtout très intéressante, bien mieux que ce qu'on désigne habituellement sous le terme « bibliothèque de château ». En piochant dans les différentes de Lurances, j'ai même constitué mon enfer personnel : *Le Demi-Monde sous la Révolution, Les Maris de Valentine, Mémoires d'un dissipateur*, etc.

Mélanie découvrait et admirait. L'ambiance était douce, alanguie. Je ne disais pas grand-chose, je la laissais venir. Et puis il fallut partir, Paris, la nuit nous espéraient. On fila comme des voleurs.

Le lendemain, j'appris à Mélanie que Philippine nous avait attendues toute l'après-midi au salon. Elle m'avait appelée pour se plaindre. Elle pensait ne pas mériter pareil traitement. Mon père et elle faisaient tout pour m'être agréables et elle avait l'impression que j'avais honte d'eux puisque je les cachais, honte des parents qui étaient les miens.

— Mais pourquoi ne m'as-tu pas dit ce qu'il fallait faire ? me demanda Mélanie, atterrée. J'ignorais que ta mère nous attendait.

— Dans l'escalier, elle nous a invitées à venir la rejoindre au salon mais je voulais que ce fût ta décision, ton choix. Si *tu* avais envie…

— Je n'ai pas entendu. Imagines-tu ce qu'elle pense de moi maintenant ?

— Non. Quoi ?

— Que je ne sais pas vivre, que je ne suis vraiment pas élevée. Ou que je n'ai pas de cœur… En fait, c'est toi qui n'as pas eu envie qu'on prenne le thé ensemble !

— Je pensais que ça ne t'intéressait pas.

Mélanie me demanda ce qu'elle pouvait faire pour ne pas rester sur ce malentendu.

— Tu n'es pas obligée de faire quoi que ce soit, je t'assure, mais si tu y tiens, pourquoi ne lui envoies-tu pas un bouquet avec un mot, tu la remercies pour la belle fin d'après-midi passée chez elle.

— Tu penses que ça lui ferait plaisir ?

— Ma mère aime les fleurs et en hiver, à Lurances, elles sont rares.

J'hésitai à donner plus d'instructions. Où devait-elle les acheter, quel genre de bouquet pour que cela ne fît pas bouquet de fleuriste et pas fleurs des champs non plus ? *Bouquet de château*, oui, exactement, mais qu'elle se sente libre, c'était le premier de mes désirs, son goût à elle, je l'en priai.

Ma mère m'appela pour avoir les coordonnées de Mélanie, elle tenait à la remercier pour le ravissant bouquet qu'elle venait de recevoir. De nouveau, mon amie ne sut quoi faire. Devait-elle encore dire merci, remercier ma mère pour ses remerciements, ça commençait à devenir idiot, non ? Elle me demanda combien de tours nous allions faire sur ce manège.

Mes amis étaient immédiatement séduits par le talent de Philippine pour la conversation, la manière qu'elle avait d'inclure tous et toutes en parlant de n'importe quoi.

À qui a-t-elle un jour raconté que son idéal de vacances aurait été de partir avec mon père et nous, ses filles, personne d'autre, dans un *mobile home*[1] découvrir une région de France, dans une caravane en tôle ondulée, vous voyez, avec des géraniums orange à la fenêtre. Moi, je sais que l'orange est *la* couleur que ma mère déteste. Qu'elle pût, de temps à autre, vouloir quitter Lurances était une chose, mais qu'elle souhaitât se retrouver en tête-à-tête avec nous, avec moi, j'avais mes doutes.

Mes amis la trouvaient merveilleusement *simple*.
Rencontrer de nouvelles personnes l'amuse. Plus jeune, quand elle allait chez Marie-Laure de

---

1. Mais en français, le *mobile home* ne prend pas la route.

l'autre côté de la place des États-Unis, elle croisait de nombreux artistes. Sa cousine, la fille de Marie-Laure, était aussi sa meilleure amie. Marie-Laure ne s'en occupait pas beaucoup. C'est Cocteau qui leur apprit à dessiner.

Ma curiosité est-elle de même nature que celle de ma mère ?

Très tôt, mue par je ne sais quel instinct, j'ai voulu aller voir comment le monde fonctionnait, j'ai circulé, mais je n'aimais pas me comporter comme si les frontières n'existaient pas. J'appréhendais les rencontres entre mes amis et mes parents même s'ils pouvaient s'entendre ou peut-être parce qu'ils le pouvaient. J'avais le sentiment qu'il ne s'agissait que d'apparences et de théâtre et cette hypothèse était désagréable.

C'est Philippine qui a rédigé le *dazibao* que les invités pouvaient lire avant d'entrer dans le salon Vert à Lurances. C'est moi qui lui ai appris le mot *dazibao*. Un usage ironique de ce mot puisque, punaisée sur la porte, cette feuille de papier, c'était le contraire de la liberté d'expression. On y trouvait, listés, tous les sujets de conversation qu'on était prié de laisser sur le seuil. Cy Twombly et Pinochet restèrent un assez long moment à l'affiche. Un cousin aimait bien se joindre à moi pour provoquer le débat. Un jour, mon père lui a dit de prendre la porte. Il s'est levé pour aller la retirer de ses gonds. Tout le monde a ri.

Je me revois accoudée à la cheminée et ferraillant avec mon père autour de la notion d'héritage. Annabelle, ma sœur aînée, est assise sur le canapé, elle nous regarde, la bouche ouverte comme si elle voulait crier mais elle a oublié ce qu'elle pourrait vouloir crier.

— Je ne suis pas sûre que l'idée de l'héritage soit un bon principe d'éducation, ai-je lancé.

— Préféreriez-vous que je donne Lurances à d'autres ? Ils transformeraient l'endroit en lotissements. Il est certain qu'on pourrait loger un tas de monde ici.

— Non, je n'ai pas dit cela. Mais si, quoi qu'il arrive, quoi qu'on fasse ou ne fasse pas, on sait qu'on héritera de… tout ça, ai-je affirmé en englobant d'un geste le salon et ce qu'on peut voir par les fenêtres, je me demande si c'est une bonne idée.

— Vous pouvez aussi ne pas accepter le cadeau, rendre votre part ou la vendre et donner à des bonnes œuvres ou au parti communiste l'argent qu'on vous aura donné en échange de… tout ça ! et le bras de mon père de refaire mon geste.

Marthe, la femme de Martin, ne veut pas écouter ces bêtises. Elle essaie d'entraîner maman dans une autre conversation. Plein de choses amusantes à lui raconter, la fête chez Machin de Machine, l'appartement que la fille de Truc vient de refaire ou la dernière première à laquelle Martin et elle ont été conviés.

— Je ne vais pas changer le monde toute seule, dis-je. Je n'y arriverais pas. Et le vouloir est probablement idiot. Mais je me pose parfois des questions…

Mon père sourit.

— Je ferai mon possible pour que vous puissiez toujours exprimer vos opinions, même si je les considère stupides. Il faut que Valentine s'entende et qu'elle soit entendue, dit-il en s'adressant à mes sœurs et ma mère qui commencent à s'ennuyer parce que, quand mon père et moi discutons, il est difficile de nous interrompre.

Où étais-je allée chercher ces idées ? Avais-je déjà rencontré mon Yougoslave ? Déjà lu, sur ses conseils, Marcuse et Adorno ?

La vue que j'avais de ma chambre à Lurances était peut-être une des plus belles qui fût, mais il me fallait aller voir ailleurs.

Philippine savait raconter des anecdotes qui charmaient ou faisaient rire. Une grande partie des conversations à Lurances consistait à communiquer ces petites histoires à ceux qui ne les connaissaient pas encore.

— Marie-Laure disait de sa fille : elle est si belle, elle est au Louvre. Et en fait, expliquait ma mère, elle lui avait trouvé un petit boulot au musée !

Une telle ironie la séduit, cette distance élégante. Ce mot d'esprit lui plaît peut-être d'autant plus qu'en ce qui me concerne, il est déjà clair qu'il y a aussi peu de chance que je finisse à l'Académie française qu'au Louvre.

Et moi, est-ce que je fais autre chose qu'enfiler des anecdotes ?

Dans ma famille, il y a des slogans censés orienter le *style* des discours mais aussi de la parole en général. Des ordres en anglais pour qu'on note moins leur ton martial. *Get up, speak up, shut up !* ou *Keep it light, keep it short !* Et on rapporte sans honte ce que la grand-mère de Marie-Laure a dit à celui qui s'apprêtait à signer dans le livre d'or : « Pas de phrases, monsieur Proust, pas de phrases, s'il vous plaît… »

Quand j'étais adolescente, je répétais : dans cette famille, on s'entend très bien parce qu'on ne parle jamais de rien.

Mon père et ses quatre frères chassaient ensemble de par le monde et s'étaient partagé les trésors de Martine de Béhague sans se disputer – il y en avait tant, imaginer pouvoir se sentir lésé eût été obscène. Deux d'entre eux s'étaient même arrangés pour annoncer en même temps à leur maman leur divorce – histoire, expliquaient-ils qu'il n'y eût pour elle qu'un mauvais moment à passer. Ces cinq hommes-là constituaient une belle brochette, photogénique en tout cas.

J'avais une théorie : à force de ne jamais parler de sujets qui pouvaient fâcher, on oubliait qui étaient les autres et qui l'on était.

HONNÊTETÉ

J'ai longtemps été torturée par cette notion, par cette question.

En quelle classe sommes-nous ? On nous a demandé comment on calculait la surface d'un cube. Guénola et moi sommes assises l'une à côté de l'autre, comme d'habitude. Je ne sais pas. Au moment du ramassage des copies, la formule passe devant mes yeux. Je me jette sur ma feuille et recopie. Une camarade pose la pile sur le bureau de la prof. Les minutes passent et je me sens de plus en plus mal. J'ai rédigé la bonne réponse mais ce n'est pas la mienne. Je lève le doigt et j'insiste tellement, je vous en supplie, on me rend ma copie. On ne va pas me croire et j'ai honte de ce qui va passer pour une invraisemblance : j'ai barré ce que j'avais écrit et rendu ma feuille, soulagée.

Beaucoup d'élèves trichaient. Je les voyais faire et cela m'était physiquement pénible. L'idée de dénoncer ne m'avait jamais traversé l'esprit mais dès que j'avais terminé, je demandai à sortir pour ne pas assister à ce spectacle et allais m'enfermer dans les toilettes.

Je n'avais pas envie de me trouver parmi les meilleurs si ceux qui établissaient ces hiérarchies de l'excellence étaient si faciles à duper. Et si travailler plus me hissait seulement au niveau de ceux qui savaient tromper leur monde, pas envie non plus.

Raconter des histoires, j'entends d'abord : mentir.
Et si j'avais écrit : j'entends d'abord mentir…

Quelques années plus tard, déjeuner du dimanche à Lurances. J'y suis allée mais n'ai pas déjeuné. J'ai croisé mon père dans le parc qui m'a demandé pour qui j'avais voté. Il était à quatre pattes au-dessus de la grille d'évacuation du Miroir, il venait de la nettoyer, il regardait l'eau couler à nouveau, puissamment. Il m'a posé la question sans me regarder.

— Je pense que je n'ai pas voté comme vous, lui ai-je répondu.

Je ne m'attendais pas à cette question. Le vote n'était-il pas une décision qui appartenait à chacun et le secret de l'isoloir, un des instruments de la démocratie ? Mon père s'insurgeait souvent contre la manière dont les grèves, en France, étaient décidées ou reconduites à la suite d'un vote à mains levées. Il ne voyait pas là une expression de la démocratie mais la force du nombre. Il n'empêche que chez lui et au sujet de sa dernière fille, il voulait savoir.

Il restait à quatre pattes et je me suis demandé s'il n'avait pas mal quelque part. Il se releva finalement et me fit savoir qu'il ne souhaitait pas que je déjeune à sa table. Je repartis aussitôt pour Paris.

Le lendemain, coup de fil de Marthe.

— Si j'avais été papa, je t'aurais giflée ! On ne peut pas avoir ce qu'on a et voter comme tu l'as fait, m'assène-t-elle.

Je la sens à court d'arguments.

— Je vote plutôt en fonction de ce que je... suis, je réponds.

La formule sonne bien, définitive. Celle de Marthe me semble d'un matérialisme affligeant ; la mienne, en y songeant un instant, est fumeuse. Ai-je la moindre idée de qui je suis ?

Annabelle m'appelle à son tour.

— Tu as failli tuer papa. Il s'est senti mal toute la journée. Pourquoi ce besoin de lui dire pour qui tu avais voté ?

— Parce qu'il me l'a demandé. Et je n'aime pas *raconter des histoires* à mes parents, j'aurais l'impression de les pousser dans la tombe, de les traiter comme des vieux qu'il faudrait ménager.

— Qui en a quelque chose à faire, de ta vérité, on s'en fout, tout le monde s'en fout, vote comme tu veux…

Annabelle aime à se montrer généreuse, tolérante.

— … Mais épargne-nous ! À quoi cela peut-il servir de heurter, de faire mal ?!

Aucune envie de me justifier. Mes sœurs ne souhaitaient pas m'entendre. Elles m'avaient dit ce qu'elles avaient à me dire et ça leur suffisait pour avoir l'impression du devoir accompli.

J'ai voté pour la première fois en 1981et j'ai eu le sentiment de m'inscrire dans le sens de l'Histoire. J'ai regardé les résultats s'afficher à la télé chez un commissaire priseur parisien à la mode, dont la spécialité était l'art contemporain et dont l'appartement donnait sur la place des Vosges. Je me souviens de tous les mignons et autres parasites guettant, crispés, l'expression qui s'affichait en même temps sur le visage de leur hôte. Ils applaudiraient ou feraient une tête d'enterrement en fonction. On entendait les clameurs qui venaient de la place de la Bastille.

On ouvrit grand les fenêtres pour que la joie circule.

Je n'ai pas toujours voté à gauche, il m'est aussi arrivé de voter à droite.

Quand une personne qui m'est sympathique dit : « Je suis – quand même, ou tout compte fait, ou après réflexion – *de gauche* ou *de droite* », j'entends une posture et en fait une absence. Cela me gêne presque autant que si quelqu'un parle « des *de* Ganay ». Au pluriel, le bon usage voudrait qu'on laissât tomber la particule.

Ces remarques sont sans rapport mais les rapprocher me plaît. Je sais que cela va agacer.

PRIVILÈGE

J'étais supposée préparer Normale sup mais cette année je sortais tous les soirs. Je m'étais même brouillée avec Mélanie à cause de cela, elle ne faisait que travailler pour être prise à Sciences Po.

J'ai rencontré Serge au Privilège. On pouvait voir dans ce sous-sol aménagé en club et pas seulement en boîte de nuit des choses qui n'avaient pas lieu ailleurs. Un salon au sens où des *styles* de gens très différents se croisaient. Quelqu'un me fit remarquer une scène au bar que je n'aurais sûrement pas repérée seule. Un monsieur assez beau, aux cheveux blancs peignés en arrière et gominés, tenait un verre, il était penché en avant, son nom était aussi celui d'une banque ; un type plus jeune avec une veste à brandebourgs, façon soldat des armées napoléoniennes ou dresseur de fauves au cirque Pinder, était collé derrière lui et doucement, discrètement fléchissait les genoux ; son pantalon était sur ses chevilles. Les conversations environnantes étaient si animées, il y avait tant de mouvements dans tous les sens – on ne dansait pas seulement sur la piste –, qu'une scène comme celle-là pouvait passer complètement inaperçue.

Grace Jones jouait de l'accordéon dans l'escalier intérieur qui menait au Palace, on n'avait pas besoin de ressortir cité Bergère et puis d'aller rue du Faubourg-Montmartre si on voulait se perdre dans une foule plus grande, être traversé par une musique plus forte. Les corps et les regards se croisaient encore plus facilement au Palace mais on n'y rencontrait plus Barthes.

Les lèvres de Grace Jones étaient du même rose que celles de ma mère (*Miami Beach* de Saint Laurent) et je ne sais pourquoi, elle m'aimait bien ; on n'a jamais beaucoup parlé, elle voulait me faire croire qu'à ses côtés, j'étais en sécurité. Edwige jouait du saxophone et préférait les filles. Je me suis retrouvée dans les toilettes avec elle, elle était capable, me l'assurait, de me donner tout ce que je voulais. Qu'est-ce que j'ai bien pu demander ? Lui avais-je demandé quelque chose ?

Serge avait sa table et sa compagnie. Les hommes étaient les mêmes, les filles variaient. Il dansait rarement, jamais longtemps, il dansait seulement pour

faire plaisir aux filles qui le lui demandaient.
Personne ne nous a présentés.

Très beau, mannequin à ses heures. Le visage d'un
guerrier tatar, d'un type toujours à cheval et dans le
vent glacé. Il souriait peu mais une douceur qui
ressemblait à de la sagesse émanait de son expression
désabusée. Je me rappelle mal son corps et encore
moins les fins de nuit chez lui. On devait faire
l'amour mais je devais dormir aussi et Serge lisait
pendant que je dormais. Il dormait le matin et
parfois même jusque dans l'après-midi. Je le
retrouvais en fin de journée au Sélect à Montpar-
nasse, après mes cours de classe préparatoire, et là,
toujours avec le même ami peintre, non seulement
ils refaisaient le monde, ils intentaient aussi le procès
de l'art contemporain, ce qui, dans nos sociétés occidentales décadentes, était à leurs yeux *le* produit de
consommation des bourgeois par excellence.

La seule partie du corps de Serge que je revois
avec netteté : ses doigts quand il tourne les pages.
Ces derniers ressemblent à des sexes d'homme, assez
gros, fines veines apparentes, articulations peu
visibles, les bouts un peu en pointe et toujours
comme manucurés. Je devais dormir mais je pense
que je voulais faire l'amour. Plus souvent. Plus longtemps.

Il tourne les pages d'un ouvrage d'un philosophe
de l'École de Francfort, Adorno ou Marcuse, je lui
tourne le dos, je ferme les yeux et je vois ces doigts.

Serge avait mené la révolution estudiantine à Sarajevo, c'est ce qu'il disait, il avait donc participé à l'émancipation de son pays du joug de l'U.R.S.S. Un régime marxiste *non-aligné*, j'étais curieuse de voir. Je suis allée plusieurs fois avec lui dans ce qui ne s'appelle plus la Yougoslavie. Je me rappelle les terrasses de café à Zagreb, à Sarajevo, à Dubrovnik et quelques bals en plein air dans des cours d'immeubles. Serge parlait la langue de là-bas et je ne pouvais pas suivre.

La dernière fois que j'ai vu Serge, Frantz et moi vivions déjà ensemble, nous étions à Paris, il nous a déclaré qu'en cette époque reculée, il m'avait présenté tous les hommes qui avaient aujourd'hui le pouvoir.

Quand le conflit a éclaté dans les années quatre-vingt-dix, Serge a levé une armée et s'est beaucoup enrichi. Maintenant, il est retourné vivre dans son pays et je ne sais pas lequel c'est.

À Paris, il vivait de sa belle gueule de Slave, il travaillait pour les marques qui avaient besoin d'une image d'homme très viril. La patronne d'une agence de mannequins était tombée amoureuse de lui bien avant que je ne le rencontre, elle était très malade et lui avait légué son affaire.

Serge vivait donc aussi de ses rentes.

Il aimait venir à Lurances, on se réunissait avec ses amis qui étaient également les miens, mais pas forcément au salon. Un jour, Philippine est passée dans la salle des Trophées, nous étions assis là, en rond et en silence. Vêtus de noir et chacun sous une tête d'animal empaillé comme si nous attendions de l'élan ou du buffle des augures décisifs. Ma mère a dit bonjour mais ne s'est pas attardée pour faire un brin de causette avec l'un ou l'autre.

— Tu ne peux pas dire *je*, m'a dit Serge assez rapidement après avoir fait ma connaissance. Tu n'es pas encore née. Tant que tu n'auras pas pris conscience de ce qui te détermine, tu seras seulement le produit de ta classe.

Personne ne m'avait jamais parlé ainsi. J'étais d'accord. Et voulais bien me trouver à ses côtés en attendant de naître.

— Tu me plais, m'a-t-il dit, aussi parce que tu as l'air de chercher quelque chose. Mon vœu : que jamais tu ne penses avoir trouvé.

En tout cas, je ne me suis pas arrêtée à lui.

J'ai payé les pneus de sa Maserati mais il ne m'a jamais proposé de bijoux.

L'avant-dernière fois que j'ai vu Serge, c'était à la Santé, il était accusé de recel mais pas encore jugé. Nous n'étions plus ensemble depuis des années, je n'allais pas jouer des sentiments, je lui ai apporté des livres. De la poésie et de la philosophie, plutôt que des romans, je me rappelais ses goûts. Il fallait déposer ce qu'on apportait aux prisonniers dans un panier pour que les gardiens puissent vérifier qu'il s'agissait, dans notre cas par exemple, seulement de livres.

On s'est retrouvés face à face mais séparés par une vitre et chacun avait un gardien à ses côtés. De quoi pouvais-je lui parler ? Serge ne paraissait pas malheureux, il semblait accepter avec sérénité ce qui lui arrivait, ce que les autres pouvaient penser de lui n'atteignait pas le sentiment qu'il avait de lui-même et qui demeura pour moi toujours un mystère.

En faisant un geste du menton en direction des livres qu'on venait de lui remettre, je lui lançai :

— Si on veut, le temps n'existe pas ! Tu le sais, n'est-ce pas ?

Je voulais parler du sentiment d'éternité qu'on éprouve quelques fois en lisant. Quelques fois aussi en se sentant à sa place quelque part dans l'univers mais cette possibilité, en cet instant, mon pauvre Serge ne pouvait l'éprouver.

Il ne daigna pas répondre mais continua à me sourire. Je pouvais dire ce que je voulais, il m'avait toujours désirée libre. Ma bonne volonté, mon optimisme lui plaisaient, ça le changeait des propos qu'il avait l'habitude d'entendre, mais il les comprenait aussi comme des expressions de ma naïveté.

Quand je repense à cette inspiration que j'ai eue en lui rendant visite, je suis un peu embarrassée. Le temps existe pour ceux qui n'ont rien d'autre à faire que compter les jours qu'on retire à leur vie. Et le sentiment d'éternité qu'ils éprouvent doit précisément être l'enfer.

Pourquoi lui ai-je parlé du temps ? Était-ce une vengeance de ma part – inconsciente, bien entendu, je suis une fille de famille, gentille et naïve – parce qu'à l'époque où il était mon maître à penser, Serge m'avait annoncé *la fin de l'Histoire* ?

De quelle Histoire parlait-il ? Celle qu'on aurait pu vivre, en d'autres temps, plus cléments ? Ou celle du monde ?

Quelles idées les peuples avaient-ils choisies, finalement ? Quel régime politique ? Quel système économique ? Les peuples avaient-il choisi quelque chose ?

PUTE POUR SAVOIR

Mon *je* n'existant pas encore, et puisque je devais casser le moule qui m'avait faite avant de prétendre pouvoir parler en mon nom, les situations que je ne connaissais pas furent celles qui désormais m'attirèrent. Je décidai de ne plus choisir que ce qui se trouvait aux antipodes de mes goûts *de naissance*.

J'ai beaucoup déplacé l'unique pion que je pouvais, d'après Sollers, bouger sur l'échiquier social.

Mon maître mot fut *expériences*, au pluriel bien entendu. Je considérais n'avoir pas le droit de parler de quoi que ce soit si je ne l'avais d'abord *vécu*.

Après avoir quitté Serge, je me suis fixé ce programme et ce programme a duré dix ans jusqu'à ce qu'un jour – il ne s'était rien passé de particulier ce jour-là – je me dise : stop, j'arrête, si je ne dis pas *je* maintenant, ce que *je* préfère, ce que *j'*aime et ce que *je* n'aime pas, alors ce *je* n'existera jamais et *je* serai perdue pour toujours.

Je suis assise à la terrasse du plus grand des cafés de la place de la Bastille. Table en aluminium aussi légère que du carton, on pourrait s'y mirer.

J'attends l'ami de mon amant. L'amant du moment est un peintre de la place du Tertre, il peint des croûtes qu'il vend en nombre. Non, j'exagère, il a seulement l'étrange physique de Poulbot, avec des favoris, et il expose dans le Marais.

Et moi, qui suis-je ? Une jeune bourgeoise qui habite sur la montagne Sainte-Geneviève. Les études que propose le système universitaire français occupent seulement une partie de mon esprit, j'ai plus souvent l'impression d'apprendre par mes propres moyens.

Vous vous demandez : sexy ou moustachue, la bourgeoise ? Ou suffragette de salon qui se croit pleine d'esprit quand elle répète après Mauriac : « Je veux bien mourir pour le peuple, mais je ne veux pas vivre avec » ?

Mon amant m'a fait savoir qu'il connaissait un mac, m'a peut-être même dit qu'il avait un ami qui était mac. Je n'en avais jamais rencontré, en ai fait l'aveu.

Je peux rencontrer qui je veux, je n'ai pas besoin de mon amant artiste pour, de mon côté, croiser *la terre et la ville* mais il se trouve que je n'ai pas de mac, ni dans mon carnet d'adresses *perso*, ni dans mon cahier avec les contacts *pro*.

L'artiste de la place du Tertre ou qui expose dans le Marais organise le rendez-vous. Il ne va pas me demander si je veux rencontrer un mac pour la seule et unique raison qu'aucun, jamais, ne m'a été présenté. Poulbot sait que son ami lui devra bien ça, c'est même le minimum, et lui racontera comment ça s'est passé. Le minimum, surtout si, après, il me met au travail.

Je connaissais des filles du cours Victor Hugo qui faisaient le tapin dans la *backroom* d'un bar avenue Matignon. Mobilier dans le style rotin bouclé du fauteuil d'Emmanuelle dans le film du même nom. À l'époque, donc, nous étions à l'école. Madame Claude en autorisait certaines à garder leur uniforme, et même l'exigeait. C'était une manière de se faire de l'argent de poche. Ces filles étaient bien élevées, avaient des manières et de la conversation, elles pouvaient gagner pas mal sans travailler beaucoup.

Le type qui est arrivé par derrière – il était tout ce temps à l'intérieur du café de la place de la Bastille, au comptoir probablement –, et qui maintenant se retourne vers la terrasse et vers moi est exactement, follement, invraisemblablement le mac que j'attendais. Un imper couleur mastic qu'il porte ceinturé, les deux mains dans les poches, ni Borsalino, ni le petit chapeau du gars des faubourgs, non, les cheveux noirs exceptionnellement gras ou généreusement gominés. Pas beau, non, et même quelques gros points noirs très visibles. Mais, je vais vite m'en apercevoir, du charme. Je me demande s'il s'agit d'une qualité professionnelle. Il doit me faire croire que nous pouvons être amis.

Je souhaite rencontrer un mac parce que je suis curieuse d'entendre quelles seront ses idées pour me vendre, les premières qui lui viendront à l'esprit, à quels fantasmes repérables et répandus je corresponds.

Il est assis mais ne me fait pas vraiment face. Qu'est-ce que son copain artiste lui a dit à propos de moi ? Mon amant s'est un peu joué de lui puisqu'il a omis de lui préciser si je voulais gagner de l'argent en faisant des passes, il s'est contenté de lui vanter mes qualités – pourquoi, en somme, j'étais sa maîtresse –, et ces qualités, le mac doit le reconnaître, ne courent pas les rues. Si jamais je suis intéressée, il pourra très bien me vendre, peut-être pas souvent mais cher.

— Vous faites des études mais vous avez du temps ? me demande-t-il.

— Je voulais d'abord vous rencontrer, j'avais envie que vous m'expliquiez comment ça se passe.

J'essaie de plaire, d'intriguer, d'amuser sans rien dire qui pourrait m'engager.

Le type se demande si je pourrais vouloir faire ça uniquement pour m'amuser, pute pour dire que je l'ai été, pour l'expérience. Il me voit en geisha de haut vol. Avec mes cheveux noirs coupés au carré, on pourrait croire que je porte une perruque. Avec une de ces robes chinoises, près du corps, toute simple, en soie bleu nuit, et des escarpins noirs extrêmement hauts, aussi cambrés qu'une signature de calligraphe. C'est ainsi que me voit ce mac.

En fréquentant son ami peintre, il a acquis des lettres et quand il va au B.H.V. afin d'acheter ce qu'il faut pour entretenir les chambres de ses protégées – ses filles à lui, à ce proxénète, travaillent toutes en chambres, il n'a personne sur le trottoir –, il fait presqu'à chaque fois un crochet par l'Hôtel de Ville pour aller voir une exposition.

J'ai l'air si à l'aise qu'une idée folle lui vient soudain. Il pourrait non seulement m'envoyer accompagner certains clients importants un week-end entier, mais je serais sûrement capable de l'aider à mieux organiser encore ses soirées qui ont leur réputation, car tout un art d'aimer mais aussi tout un art de vivre s'y déploient.

La conversation est un plaisir qui n'a pas de prix, se dit le mac. Le client pourrait après ne plus avoir besoin de sexe. Peut-être.

Nous avons passé un long moment ensemble, à causer, de tout et de rien. Et nous sommes quittés en échangeant des sourires prometteurs.

J'aurais dû lui demander son numéro de téléphone parce que, ne l'ayant pas fait, je n'ai pu refuser quand il m'a demandé le mien, il aurait pensé que j'avais peur et n'aurait pas compris ma soudaine défiance.

Ça ne s'est pas arrêté là, notre relation a duré plus longtemps que je ne l'aurais souhaité.

VISITEURS (1)

Un motard en gants blancs déposa la missive portant l'en-tête de l'Élysée nous informant que le président désirait connaître ces lieux. Je n'ai pas lu mais j'imagine. Il ne pouvait pas avoir envie de faire la connaissance du marquis de Ganay et de sa famille. Quoique. Il s'était forcément renseigné. Le fait est que, pour son deuxième mandat, François Mitterrand visait un électorat plus large et, après avoir subventionné les arts de la rue, il s'intéressait désormais au patrimoine confirmé par l'Histoire. Un de ses conseillers, qui serait de la partie, venait de créer son *jardin historique*, ouvert à la visite bien entendu ; il avait fait déposer par hélicoptère des arbres centenaires aussi hauts que ceux de la Très Grande Bibliothèque et qui avaient dû coûter très cher, mais ce parc était trop loin de Paris et trop proche encore d'un plan d'architecte pour faire physiquement du bien au président en cet été si chaud.

On ne recevrait pas François Mitterrand *en famille* et on n'ouvrirait pas tous les salons. Une carafe de thé glacé et des bouteilles de cidre sur une table de bridge avec une nappe dans la salle de Marbre, le salon où on arrivait après avoir monté le grand escalier et qui offrait le point de vue central sur le parc, composeraient le service minimum.

Philippine fit part de la nouvelle à Giani et Marella, le gardien et la cuisinière, des mines consternées furent affichées mais très vite, l'excitation remplaça la désolation.

Il fut convenu que je garderais les enfants sous mon toit.

Le parcours dans le parc fut répété avec mes parents et les hommes de la sécurité.

Un hélicoptère Super Puma blanc atterrit sur la pelouse à côté du grand Miroir d'eau.

Le blanc fait papamobile mais le vrombissement et la taille évoquent *La Légion saute sur Kolwezi*.

Mon père et ma mère attendent, debout dans l'herbe, pas trop près pour ne pas risquer d'être décapités sous les yeux du président de la République. Ses amis descendent de l'hélicoptère et se dispersent parce que c'est à lui de serrer les mains de leurs hôtes le premier. Philippine tient les siennes croisées sur son ventre telle une petite fille à qui un adulte va apporter son goûter. Mon père a mis un costume foncé qui pourrait convenir pour un enterrement et noué autour de son ventre son écharpe de maire. Le message est clair. C'est en tant qu'élu de la République qu'il reçoit le président et non à titre personnel, Mitterrand et lui ne seront jamais copains. Il n'éprouve aucun respect pour ce président qui, un jour, a évoqué « la force injuste de la loi ».

Ce dernier ouvre la marche d'un pas décidé, mes parents plus âgés courent derrière. Ils ont peut-être mal compris, il n'a rien à leur demander. La manière dont Lurances est entretenu, il a des yeux pour voir. C'est un président exceptionnellement cultivé, il vient seulement vérifier ses informations.

En passant devant la jolie maison vide qui surplombe le Jardin japonais, mon père lance en souriant :

— C'est là que nous finirons nos jours quand nous n'aurons plus d'argent pour entretenir le château.

— Allons, allons, se contente de répondre Mitterrand en souriant lui aussi.

La nouvelle conseillère à la condition féminine, on dit qu'elle est sa maîtresse, remarque deux choses. L'épouse du marquis est plus âgée qu'elle, mais ce n'est pas une question de génération, elle n'est pas du tout habillée à la mode. Et la bonne a un tablier en forme de cœur sur sa robe bleu nuit. La conseillère à la condition féminine se demande si ce genre d'accessoire plairait à son amant présidentiel, elle le nouerait à même la peau autour de sa taille à elle.

Il fait de plus en plus chaud sous mon toit et les enfants que je suis censée surveiller, mes neveux et nièces, demandent s'ils peuvent aller piquer une tête dans le Miroir. Le président goûte à l'étage du dessous. L'atmosphère ne doit être guère enjouée dans la salle de Marbre. Glacée plutôt. Je n'interdis pas.

— Elle est bonne ?

Le président de la République s'est échappé pour aller à la rencontre des petits enfants. On leur a dit qu'ils ne le rencontreraient pas alors pour ne pas le voir, certains lui tournent le dos.

— Vous vous baignez tous les jours ?

D'autres ne peuvent réprimer des fous rires ou lui sourient sans dire un mot, avec des airs de demeurés.

Son entourage ne l'a pas longtemps laissé seul.

Il est temps de repartir ; tout compte fait, ces lieux ne leur disent pas grand-chose.

L'énorme hélicoptère immaculé a disparu dans l'azur.

Le président et ses amis ne voient plus la propriété, seulement des morceaux de forêt et les grands champs qui caractérisent cette région de France.

— Ce parc et ce château sont-ils ouverts à la visite ? demande le ministre de la Culture, qui n'a pas eu le temps de lire son dossier.

— Ne t'inquiète pas ! lui lance Mitterrand comme si tous les citoyens, le ministre de la Culture y compris, étaient ses enfants et qu'il savait mieux qu'eux défendre leurs intérêts.

— Moi, si j'avais un château comme celui-là, s'imagine la conseillère à la condition féminine, je donnerais des fêtes tous les jours, pour des amis choisis, naturellement !

Il n'y a pas eu de *lettre de château* en provenance de l'Élysée.

VISITEURS (2)

— Devinez qui s'est invité chez nous ? nous demande maman.

Il ne s'agissait ni d'un chef d'État, ni d'un artiste célèbre. Il ne détenait aucun pouvoir politique officiel mais quand il prenait la parole, pas mal de monde, paraît-il, écoutait.

Le prince Charles viendrait à titre privé parce que ça l'intéressait *personnellement*. Je ne me représentais pas exactement ce qui pouvait l'intéresser de manière personnelle à Lurances mais ne voulais pas être une fois de plus la seule à poser des questions.

Mon grand-père avait déjà reçu la grand-mère du prince. Il était de notoriété publique qu'elle préférait le gin au thé et qu'il fallait le lui servir dans une théière. Ceux qui la recevaient chez eux cachaient les bibelots qu'ils préféraient parce que si elle les aimait aussi, il fallait les faire déposer à Buckingham après sa visite.

Un de mes oncles tourna un film en super-huit. Parce qu'un mécanisme de la caméra s'est enclenché à l'envers, à l'écran, tout le monde se serre la main gauche. On peut se demander si, dans le Gotha ou les jardins à la française, c'est l'habitude.

Maman nous communiqua les règles élémentaires.

— Lors de la première présentation, vous le saluez en rappelant son titre ; ensuite « Monsieur » suffit. Ce n'est pas la peine de lui demander comment il va. C'est lui qui pose des questions, s'il en a envie.

On devait aussi faire la révérence. Cela faisait longtemps que mes sœurs et moi ne faisions plus la révérence. Et on ne l'avait jamais faite à un monsieur.

— N'oubliez pas, ajouta mystérieusement notre mère, c'est aussi un pauvre petit gars.

Disait-elle cela parce que l'épouse du pauvre petit gars avait à l'évidence mieux à faire ce week-end-là, puisqu'elle n'était pas venue ? Et le pauvre petit gars, est-ce que ça lui faisait plaisir que des filles lui fassent la révérence ?

Annabelle, Marthe et moi attendrions au salon tandis que nos parents l'accueilleraient au bas du grand escalier.

Pliées en deux pour voir sans être vues, nous courons jusqu'au perron et dissimulées par la balustrade, nous regardons. Le genou de maman plonge vers les pavés et elle baisse la tête, le prince la soutient du bout des doigts et quand elle se relève, il baise furtivement l'extrémité des siens. La nuque de mon père se casse lorsqu'il lui tend la main et ses pieds se collent l'un à l'autre.

Nous battons en retraite. Au salon, je complimente ma sœur qui, je le lui fais remarquer, s'est coiffée comme l'épouse royale. Elle hausse les épaules, mes commentaires sont toujours *tirés par les cheveux* me dit-elle, mais ses yeux brillent.

Les présentations se font rapidement et tous ensemble, nous allons nous promener. Seule la personne à qui il s'adresse le dévisage, les autres paraissent songeuses ou incapables de mettre la moindre pensée en branle si elles ne sont pas à côté de lui : son image a été si souvent reproduite qu'il n'est pas facile de faire le point sur ce qu'on voit en réalité. Le pauvre petit gars a peut-être des oreilles de Mickey et les dents violettes.

On lui présente le garde et la jardinière. Ses intérêts personnels ? Je me suis demandé à qui ceux-là devaient allégeance. Si notre royal invité avait été tenté pour des raisons qui auraient été les siennes de débaucher l'un ou l'autre, à quelle loi ceux-là devaient-ils se soumettre ?

Pour le dîner, le prince de Galles est assis entre ma mère et ma sœur aînée. Il a posé ses coudes sur la table et se penche tantôt vers l'une, tantôt vers l'autre avec le sourire d'un prêtre confessant des enfants. Il paraît ne plus rien attendre de personne, attentif et en même temps bizarrement absent. Il lance parfois un sujet de conversation mais si celui-ci déclenche trop de passions, il en change promptement.

Au salon, ma sœur coiffée comme Lady Di se perche sur un ployant, elle surplombe le prince qui a sombré dans une bergère profonde. Elle est d'accord avec lui avant même qu'il ne se soit exprimé mais paraît tendue, ses sourires durent un peu trop. Au bout d'un moment, elle me fait signe, c'est mon tour. Je fais non de la tête. Si l'illustre personnage désire s'entretenir avec moi, il n'a qu'à le faire savoir. Je n'imagine pas ce dont nous pourrions causer. Nos regards se sont croisés, mais pourquoi ferais-je preuve de bonne volonté si lui ne manifeste aucune espèce de volonté ?

Mon père remplace ma sœur et l'écoute.

— Je ne peux approuver un homme qui condamne les méthodes de contraception non naturelles, affirme le prince. Quand on voit les ravages du sida en Afrique…

Ils parlent du pape.

— Je pense, rétorque mon père, qu'il faut distinguer la loi et l'esprit de la Loi.

C'est la première fois que je l'entends faire cette nuance.

— Les cultures ne sont riches que de leurs différences, décrète Charles un peu plus tard.

Nous a-t-il rendu visite parce que nous, notre famille, lui paraissons exotiques ? Ou parce qu'avec lui, nous devrions partir à la recherche d'une autre culture ?

Le prince souhaite aller se promener seul. La lune est ronde, le parc, éclairé comme en plein jour. Il fait le tour du château, il marche d'un bon pas, il tient ses mains croisées dans son dos et son menton touche sa poitrine. À mon avis, il oublie de bien respirer.

Au salon, nous partageons nos impressions. Philippine l'a trouvé étonnamment intéressé par le reste du monde. Nous sommes d'accord : il n'a l'air ni très heureux, ni très malheureux.

Le lendemain, il se fait servir son petit déjeuner au lit et descend de sa chambre quelques minutes seulement avant l'heure du départ. Il donne à mes parents un portrait officiel, encadré et signé. Ma mère admire le cadre en métal argenté et le pose sur le tapis en velours de soie rouge qui recouvre le piano parmi d'autres photos officielles. Quelques présidents de la République ont fait partie de cette assemblée, mais au fil des décennies, seules les royautés sont demeurées, plus pittoresques pour les visiteurs.

Il offre un autre cadeau, plus petit. Plus précieux ? Une boîte à pilules en forme de minuscule enveloppe, je me suis demandé quel était le message.

Le prince Charles et son entourage s'engouffrent dans leurs véhicules. On ne les entend pas accélérer, on dirait de très luxueux corbillards.

FRANTZ

Artiste en résidence à la Fondation Cartier, Frantz était invité en tant que jeune talent dont on commençait à parler en Angleterre et au-delà.

Un artiste allemand, il avait même un physique d'Allemand mais une manière d'être anglo-saxonne – jamais il ne mettait l'autre au pied du mur… Sens de l'humour *scouse*, c'était la tournure d'esprit à Liverpool, une capacité à rire de l'absurde et même à le célébrer. Il fallait bien, Frantz avait grandi dans une ville en faillite et s'était fait traiter de nazi simplement parce qu'à l'école, il était le nouveau et qu'il était allemand.

Je l'ai rencontré lors d'une fête donnée par des artistes dans un atelier en contrebas d'un des réservoirs en eau potable de la capitale, un atelier qui surplombait aussi un des plus beaux parcs de la ville.

Il faisait chaud mais Frantz portait un grand manteau et des bottes. On voyait qu'il ne connaissait pas grand monde. On se retrouva à faire le tour du jardin entouré de grilles qui, à cette heure, étaient fermées.

Il revenait d'un voyage en Amérique du Sud, il avait essayé de vivre avec les Indiens Choco pendant plusieurs mois. Une vraie expérience anthropologique. Frantz en parlait avec passion.

Sa présence physique – il était grand, blond et fort, aucun style affiché dans l'apparence et il n'y avait aucune déduction à tirer du fait qu'en plein mois d'août, il portait des bottes et un grand manteau sinon qu'il ne faisait pas attention à ces détails –, sa façon de marcher à grands pas me plaisaient. Je l'écoutais mais désirais surtout le ramener chez moi.

Frantz ne voulait rien. Ou pas seulement une nuit. Il me fallut plusieurs mois pour arriver à mes fins. Une relation se mit en place.

À Londres, il vivait depuis l'adolescence avec une critique d'art qui elle aussi commençait à se faire un nom. Je ne sais plus comment j'ai persuadé Frantz que cette histoire-là était terminée.

À Frantz, j'ai voulu montrer la France.

C'était déjà l'été, éviter les foules n'était pas simple, je réservai une chambre dans un hôtel à la pointe de La Hague. Ce nom me disait vaguement quelque chose mais je ne me rappelais pas quoi. Le premier soir en arrivant, j'ai voulu me baigner. C'est en me retournant vers la rive, où j'avais laissé assis sur les galets l'homme que je commençais à aimer que j'ai compris. L'usine de retraitement des déchets nucléaires surplombait la crique et notre hôtel de charme – une cathédrale de lumière aussi imposante que parfaitement silencieuse.

À cette heure du soir, la tiédeur de l'eau était surprenante.

Le petit tour en Allemagne que Frantz me fit faire ce même été après notre séjour dans le Cotentin ne fut pas exactement, ne fut pas uniquement une balade romantique. Il voulait visiter Nuremberg et voir ce qui restait du stade olympique où Leni Riefenstahl avait filmé. Moi, je rêvais de nuits sous des couettes qui touchaient le plafond dans de petites maisons en bois au cœur de la Forêt-Noire.

Même s'il n'abritait aucun élément constitutif du gouvernement d'aujourd'hui, le siège du IIIe Reich était encore debout au milieu d'un parc public. Beau manifeste d'architecture post-moderne : moitié cirque romain, moitié hangar industriel. Le grand stade n'existait plus, il avait été rasé mais on en trouva un assez petit où, nous apprit-on, des lévriers couraient régulièrement.

Deux hommes en bleus de travail, la porte de leur camionnette ouverte pour qu'ils puissent travailler au rythme de la valse bavaroise qui passait à la radio, réparaient avec entrain la clôture en fils de fer barbelés.

Des enfants jouaient au badminton. Des jeunes couples mangeaient des saucisses sucrées assis dans les hautes herbes du parc. Je n'ai pas eu envie de rester.

Quelques semaines après notre petit tour en France et en Allemagne, Frantz arriva chez moi avec ses valises.

À ma meilleure amie de l'époque ainsi qu'aux anciens amants, j'assurais :

— Il est plus facile et plus amusant de débaucher un innocent que d'essayer de construire avec un pervers !

Je n'avais jamais été tentée de construire quoi que ce soit avec un homme. Ni avec un pervers, ni avec un moins pervers. Et Frantz n'avait rien d'un innocent, il voulait seulement le bien des gens plus souvent que leur mal.

Je lui offris quelques-uns de mes livres préférés : *Gradiva*, une nouvelle antérieure aux découvertes de Freud qui décrit les mécanismes de l'inconscient dans les ruines de Pompei, *Le Pur et l'Impur* de Colette, pas une histoire de chats ou de géraniums mais d'homme et d'homme, de femme et de femme et, plus rarement, d'homme et de femme. Le Colette, c'était Sollers qui me l'avait conseillé.

Son œuvre n'étant que peu traduite en anglais, je lisais à Frantz des passages de Sollers en français, des morceaux choisis dans *L'Écriture et l'expérience des limites* et *La Théorie des exceptions* ; ces titres n'étaient-ils pas déjà en eux-mêmes des programmes enthousiasmants ? Mais je disais aussi à mon bel artiste allemand, qui avait été l'assistant de Joseph Beuys :

— Tu sais, un homme avec du courage m'attire plus qu'un homme avec des idées.

Intimité fut le mot que Frantz introduisit dans nos discussions. Il me déclara que l'*intimité* était peut-être la plus aventureuse des *expériences*.

Je lui confessai que le mot *intimité* me faisait penser à des serviettes hygiéniques.

J'invitai ma nounou chérie, je désirais qu'elle rencontre l'homme dont, presque sans m'en apercevoir, j'étais tombée amoureuse. Ils se causèrent avec une bonne volonté manifeste et se firent même rire. Le lendemain, elle me fit part de son sentiment et employa le terme *lodger*. Celui qui trouve à se loger sans avoir à payer. Je n'ai pas eu envie de vanter les qualités de mon nouvel amant pour essayer de modifier les impressions de ma vieille nounou.

Frantz découvrit la scène artistique parisienne. Cet Allemand, devenu artiste en Angleterre et résidant maintenant à Paris, et son travail, et sa personnalité échappaient à la plupart des acteurs de ce tout petit monde. Le fait qu'il vécût avec une fille qui avait un château, une fille certes originale qui donnait des fêtes mais tout de même, une riche qui n'avait pas besoin de travailler, n'arrangeait pas son affaire, le rendant encore plus suspect, un type qui n'entrait dans aucune des cases qu'ils avaient l'habitude de reconnaître.

J'ANNONCE

À mes parents que j'ai rencontré un prince charmant.

— Pas au sens du Bottin mondain mais des qualités qui me semblent devenues rares : courageux, *foncièrement honnête* – cette expression toute faite me laisse perplexe encore aujourd'hui : quel rapport entre la terre et l'honnêteté ? Une formule aussi suspecte que : « bon sang ne saurait mentir » – et sensible au sort des autres. Vous conviendrez qu'un vrai prince, je ne parle pas d'un type avec un titre, je parle des qualités de cœur, un vrai prince est forcément charmant ! ?

Philippine invita Frantz à prendre le thé. Je l'avais informée qu'il s'agissait d'un artiste. À Paris, ils pourraient *parler tableaux.* Ma mère avait repris l'appartement de sa mère et il était pareillement rempli de trésors.

J'avais préparé Frantz : faire des commentaires sur ce qui était accroché aux murs serait bien vu, poser des questions était même attendu de lui. Il aurait pu penser que des observations sur ce qui les entourait seraient perçues comme un peu trop factuelles, pas le meilleur des matériaux pour un premier échange.

Frantz est assis du bout des fesses sur une profonde bergère Louis XV, il se tient si droit, ses pantalons sur ses jambes qui font un angle à quatre-vingt-dix degrés laissent apparaître des socquettes de... tennis. Je le remarque un peu tard. Philippine semble n'avoir rien vu, trouver mon nouvel ami charmant.

Frantz ne travaille pas à la City, qu'importe à quoi il ressemble. Ressemble-t-il seulement à un artiste ?

On ne va quand même pas jouer à cache-tampon. Maman propose un autre jeu : Frantz va nous dire qui a peint les tableaux qu'elle va montrer. Et je ne dois pas l'aider.

— Au-dessus du bar...

Il est cinq heures de l'après-midi. Je suis sûre que si le choix lui avait été donné, Frantz aurait préféré une bière ou un whisky à une tasse de thé. Il se penche vers le tableau. Une forêt de troncs turquoise et verts, des troncs larges ou plutôt des aplats de couleurs, il pourrait s'agir d'algues au fond de la mer ou d'arbres prenant leur envol vers le soleil.

— Derain ?

— Ça pourrait, mais non. Matisse. Un Matisse qui ne ressemble pas à ceux qu'on connaît.

Une fois de plus, j'apprécie le *on*. (Quand *on* s'appelait comme *on* s'appelait…)

— Je l'aime beaucoup alors que je n'aime pas toujours Matisse, précise maman.

Frantz est troublé. Par plusieurs choses. Matisse est un de ses peintres préférés, il connaît bien son œuvre, mais ce tableau qui appartient à cette dame, il ne l'a pas reconnu. Deuxième chose, la mère de son amie n'aime pas d'habitude son artiste préféré. Il se demande si ce tableau finalement lui plaît. Il se demande aussi si posséder des œuvres qui ne ressemblent pas au reste du travail d'un artiste est une manière de collectionner, une manière, peut-être, supérieurement informée.

Frantz ne peut pas faire le tour de la pièce en longeant les murs parce qu'il y a trop de meubles et de paravents, mais il se plie en deux pour voir de près, les mains croisées derrière le dos, comme si lui aussi devait trouver le dé en or, à moins que ce ne soit une toute petite clef.

Il sourit comme si ne rien pouvoir nommer le grisait.

— Et ce tableau, à demi caché derrière l'abat-jour ? montre ma mère d'un geste du menton.

Frantz approche le nez. Et puis recule, comme si les femmes représentées sur cette toile presque carrée l'avaient léché. Il a besoin d'un peu de distance pour reconnaître, se rappeler.

— Watteau ?

— Bravo. Avouez que ce tableau est mystérieux...

Si on regarde vite, sans vraiment prêter attention, on peut penser avoir affaire à une sorte d'Annonciation. Une femme assise, de profil, semble en écouter une autre qui se tient à genoux devant elle. La première est nue, un physique voluptueux et une éponge est posée sur son giron, à l'endroit où elle aurait tenu le petit Jésus si la Vierge Marie avait pu accoucher à l'instant même de l'Annonciation.

— Ce tableau s'appelle *La Toilette intime.*

Frantz hoche docilement la tête. Que dire de cette image à une dame qu'il ne connaissait pas une heure plus tôt ?

La femme nue et riche a l'air heureuse, comblée et même rêveuse au-dessus de sa servante. Quelques épingles serties de pierres précieuses ornent ses cheveux. Elle ne paraîtrait pas si tranquille, son attitude ne serait pas si composée si elle venait, mettons, d'avorter, si la femme à ses pieds n'était pas un ange mais une faiseuse d'anges. Il me vient de ces idées, parfois, on se demande...

Watteau nous révèle quelque chose à propos du plaisir féminin. Il le montre comme un secret que les femmes se communiqueraient.

— Le plus amusant, c'est son parcours, à qui ce tableau a appartenu et comment il est parvenu jusqu'à nous, déclare ma mère en me souriant et en soulevant la théière pour verser à Frantz une deuxième tasse de thé. D'abord au père de mon mari, mais ma belle-mère jugeait qu'un tel sujet – elle jette un coup d'œil au tableau derrière elle, comme pour vérifier – ne convenait pas à une maison où grandissaient cinq garçons. Mon père et mon beau-père étaient tous deux collectionneurs, ils se connaissaient et s'appréciaient. Ils firent un échange. Mon père récupéra ainsi le Watteau et ma belle-mère put faire grincer le rouet en bronze que vous avez peut-être remarqué à Lurances, le rouet ayant appartenu à Marie-Antoinette, comme si cet horrible bruit allait pouvoir bercer ses fils…

Philippine essaie de lire l'effet de ses paroles sur le visage de Frantz. Il est possible qu'il soit en train de réfléchir à ce qu'elle vient de dire, il semble être à l'intérieur de lui-même, il rêve peut-être à d'autres histoires.

— Et puis *son* père, poursuit-elle en me désignant du menton à Frantz, a eu la bonne idée de m'épouser et alors cet extraordinaire tableau est réapparu devant ses yeux. Pour notre plus grand bonheur…

Maman m'adresse un sourire complice. Mon père l'a épousée, elle et ce tableau dans sa dot, et c'est le seul couple qui a duré. Trois de mes oncles ont divorcé, le dernier ne s'est jamais marié. Ce Watteau est un talisman.

En montrant ce tableau, maman met mon amant en garde : toutes les unions ne sont pas aussi avisées.

Frantz ne lui a guère parlé de son art. Philippine ne connaît pas Joseph Beuys, dont Frantz a été l'assistant à l'époque où il réalisait son piano emballé dans du feutre, une pièce qui se trouve aujourd'hui à Beaubourg.

J'ai tout de même l'impression que la rencontre s'est bien passée.

Coup de téléphone le lendemain.

— Votre ami est charmant mais n'est-il pas trop… *simple* pour vous ?

Ma mère n'emploie pas des mots compliqués mais j'ai du mal à saisir.

J'ai oublié quelle fut ma réponse, j'ai dû écourter notre échange. Raccroché et continué toute seule la série des questions réponses.

Si Frantz était trop *simple*, qui était compliqué ? Ma mère ou moi ? Une pensée un tout petit peu consolatrice : si la simplicité de Frantz allait me faire devenir compliquée, c'est que je ne l'étais pas encore.

La simplicité était considérée comme une qualité, mais seulement dans le cas des personnes dont les origines étaient toute une histoire. Un individu qui n'était personne n'avait pas le droit de paraître *simple*.

Trop facile ? Il aurait été doté de trop de qualités ?!

Que signifiait cet adjectif ? Est-ce qu'on disait « *simple* comme l'amour » ? Non, on disait « *simple* comme bonjour ». Ma mère et Frantz s'étaient dit bonjour et même au revoir.

MARIAGE OU LUTTE DES CLASSES ?

C'est Frantz qui m'a demandé de l'épouser.

J'avais rapporté une soupe verte de Lurances pour le régaler à la fin du week-end. Il n'était pas venu avec moi, avait préféré travailler dans son atelier à Jouy-en-Josas. Il m'a demandé si je voulais être sa femme et je n'ai pas monté une autre cuillerée à mes lèvres.

Je n'ai jamais songé au mariage comme à un projet qui pourrait me concerner, il s'agit d'une expérience à laquelle je n'ai pas réfléchi. Je cherche les raisons qui pourraient motiver un refus de ma part, mais je trouve seulement des convenances, celles d'un nouvel ordre bourgeois qui se croit émancipé. L'idée du mariage m'effraie cependant : le couple qu'incarnent mes parents est une exception, il ne faudrait pas croire une seconde la réplique possible. Mais avec Frantz, je ne me représente rien et bizarrement, cela ne m'effraie pas. La vie continue peut-être après le mariage. Et il n'est pas exclu que l'amour ne puisse être *trempé* par ce rituel encore fort symboliquement aussi bien qu'intensément social. D'une hache de guerre, la lame en airain.

Je transmis la bonne nouvelle à mes parents.

— Je vous avouerais que je m'attendais à un comportement moins conventionnel de votre part, affirma ma mère. Je me disais : ou bien Valentine ne se mariera pas ou alors à Las Vegas, en cinq minutes et sans témoins !

Ma mère essayait de me flatter. Et me souriait comme pour m'encourager à continuer à ne pas faire comme tout le monde.

— Avez-vous vécu assez longtemps avec cet homme pour être sûre de vouloir l'épouser ?

C'était bien la première fois que je l'entendais défendre l'idée du concubinage. Et dans le but prétendument de donner plus de chances au mariage ! Comment auraient-ils présenté Frantz à leurs amis ? « Connaissez-vous le *compagnon* de notre fille ? » Maman se moquait souvent des termes qui permettaient aux jeunes gens d'aujourd'hui de ne dire ni amant ou maîtresse, ni mari ou épouse.

— On pourrait, si vous voulez, le traiter diffé-remment quand vous venez ensemble à Lurances.

Elle reconnaissait donc qu'elle ne s'était pas montrée aussi accueillante que possible. Ni mon père, ni elle n'avaient jamais été antipathiques avec Frantz, ils se comportaient seulement comme s'ils n'avaient pas remarqué sa présence. Il faut dire qu'il y avait souvent du monde à Lurances, et le nouveau venu pouvait être noyé dans la masse. De plus, le fait que j'amenais des individus *inattendus* n'était pas une nouveauté…

J'ai voulu l'annoncer à mes deux parents en même temps. Histoire de mettre leur complicité à l'épreuve ?

— Va-t-on parler de scandale ? demanda papa qui, ne semblant pas effrayé, à peine intéressé, s'informait simplement auprès de son épouse du terme qui convenait.

— D'abord, on n'est pas obligé d'alerter tout Paris. Ensuite, je ne connais pas tous les amis de Valentine, mais j'ai l'impression qu'elle ne fréquente pas beaucoup les enfants de *nos* amis.

— Je dois vous avouer, interrompis-je, que je rêve d'un mariage… très *classique*.

Je voulais une cérémonie dans le style du mariage de mes sœurs. Et même si ni Frantz, ni moi ne nous sentions croyants, je tenais à remonter l'allée à l'intérieur de l'église au bras de mon père. Il fallait que ce soit encore lui, maire du village depuis près d'un demi-siècle, qui nous unisse devant la loi.

Précisément parce qu'aux yeux d'un certain nombre, Frantz n'était personne, je souhaitais une certaine pompe. Personne n'échapperait au spectacle de ce beau mariage, de ce mariage d'amour. Et après, nous donnerions une grande fête dans un autre *style* pour *nos* amis à nous. Les artistes s'approprieraient les lieux, le parc et le château, et les réjouissances dureraient un jour et une nuit.

Quand ils comprirent que la décision de leur fille était prise et qu'ils ne parviendraient pas à l'en détourner, mes parents firent *contre mauvaise fortune bon cœur* et se donnèrent sans compter pour préparer sinon le plus *beau,* du moins le plus charmant des mariages dans le *style* classique.

FÊTES GALANTES

Il y avait une petite statuette en Sèvres ou en Meissen sur le manteau de la cheminée dans la pièce où j'ai annoncé à mes parents ma décision d'épouser Frantz : un prince qui tenait une bergère par la taille.

— Un prince qui épouse une bergère, ce n'est pas évident, annonça Philippine, mais ça peut marcher ; une fille qui a été habituée à certaines choses et qui décide de passer le reste de ses jours avec un berger, c'est pas gagné d'avance !

Nos parents se rencontrèrent au Brown Hotel, un établissement ancien et même démodé, réputé et je me suis demandé pourquoi. Une décoration comme on pouvait s'y attendre, dans les bruns.

On prendrait le thé tous les six, les deux couples
établis et le couple à venir, le jour dit, à cette adresse
neutre. J'avais encore moins envie d'y aller que
Frantz, je savais que mes parents mèneraient la
barque avec maestria et qu'à la sortie de cette
épreuve, on aurait tous l'impression de s'être parfaitement bien entendus.

Philippine a l'air d'être chez elle dans un des
petits salons mis à notre disposition, twin-set en
cachemire, jupe en tweed et boucles mousseuses de
la reine-mère, mon père avec sa moustache blanche
aurait pu avoir servi dans l'armée des Indes. Tout le
monde se tient très droit et hormis les costumes
modernes, on pourrait se croire dans une *conversation piece*, ces tableaux anglais du XVIIIᵉ qui, en
portraiturant un grand nombre de personnages,
font apercevoir les fonctionnements de la société ; à
moins que ce ne soit dans un tableau de Lancret,
sinon une *fête galante*, une délicatesse apparente
des uns à l'endroit des autres. Les parents de Frantz
sont plus jeunes, une petite bourgeoise et un fils de
maçon.

Ils font connaissance et n'ont pas besoin de nous.
Nous aurions pu ne pas nous déplacer. Ils parlent
surtout d'eux et seulement un peu de nous. Et du
mariage, à peine.

— Vous serez d'accord si, dans le respect des
traditions, on organise la cérémonie chez nous, à la

campagne, demande mon père aux parents de Frantz, qui ont intérêt à aller dans ce sens et ne peuvent qu'être d'accord.

Mon père n'impose rien d'extravagant ou d'inusité : le mariage est habituellement organisé par la famille de la fille. Une question me traverse l'esprit : comment s'y serait-on pris si j'avais été un garçon ? Le prince qui épouse la bergère... Dans quelle prairie fleurie la mise en scène aurait-elle eu lieu ?

Les parents de Frantz furent heureux de nous inviter à ce goûter au Brown Hotel, les miens remercièrent chaleureusement.

Je raffole des sandwichs anglais. Des triangles farcis d'une pâte onctueuse truffée de petits morceaux, couleur...

— La couleur des chapeaux de la reine d'Angleterre, s'exclame très justement la maman de Frantz.

En effet. Saumon mixé avec de la crème fraîche.

Avons-nous vraiment échangé nos vues sur les sandwichs anglais ? !

— Je trouve les chapeaux de la reine très jolis, tient à nous rappeler maman, comme si elle était la petite-nièce de la reine d'Angleterre et que la mère de Frantz était seulement en sortie à Londres avec son école...

Le mariage aurait lieu dans un an. D'autant plus à préparer qu'on avait opté pour deux fêtes, la *classique* pour nos familles et pour nos amis, une autre qui restait à imaginer.

— Heureusement, Frantz n'est pas français ; certaines différences seront mises sur le compte de l'autre nationalité, me fit un jour remarquer Philippine comme pour me redonner de l'élan.

Quelques-uns de mes tantes et cousins invitèrent les fiancés à prendre un verre. Quand il y avait de l'art sur les murs, la conversation était facilitée, Frantz se retrouvait en position d'apprendre des choses aux propriétaires qui paraissaient lui en savoir gré. Et il ne manquait pas de poser ses lèvres sur les doigts des femmes qui lui tendaient la main, vite comme si personne ne devait les avoir vus.

À une fête dans le château des frères de mon père, un de mes cousins coinça Frantz dans une embrasure de porte.

— Elle est *bonne* ma cousine, n'est-ce pas ?

Frantz ne sut évidemment pas quoi répondre. Il préféra sourire de la manière la plus accommodante, un sourire qui pouvait aussi faire croire qu'il n'avait pas compris.

Même si adolescente et plus jeune aussi, j'aimais répéter : « *Love is good, incest is best* » avec mes cousins, parce que la formule était chantante et que cela pouvait enflammer l'imagination des esprits étroits qui nous écoutaient, nous n'étions bien entendu jamais passés à l'acte. Même si mon premier baiser sur la bouche fut avec l'un d'eux et que sa langue avait un goût de cassis. Même si « un cousin, c'est l'amant donné par la nature » était une phrase de Philippine, une de plus.

Fausse complicité entre hommes et deux fois troublante pour Frantz. Ce cousin prétendait avoir couché avec moi. Et non seulement il était heureux de le faire savoir, mais pas contrarié non plus à l'idée maintenant de me partager.

Un verre de champagne à la main, je dévisageais mon amour au milieu de ces nombreux parents. Il me paraissait plus élégant, moralement. Bienveillant a priori, sincèrement curieux à la différence de ceux qui évoluaient devant nous avec aisance, plus chrétien en somme, même s'il était peu convaincu de l'existence de Dieu.

Le mariage-fête, un mois après la cérémonie civile et religieuse, serait une promenade ponctuée de surprises : des performances à des heures annoncées et des installations qu'on pourrait découvrir à tout moment du jour et de la nuit. Nous n'avions pas trop de tous les week-ends des mois à venir pour mettre au point un tel événement.

D'abord, un jeu, pour casser les bandes. Cinq cents couples célèbres. On avait écrit leur nom sur des cœurs en papier. Les invités piocheraient dans les paniers un cœur et partiraient à l'abordage de la foule pour chercher l'autre.

Chaque artiste pouvait inviter trente amis et une trentaine d'artistes furent bientôt engagés dans l'équipe, près de mille personnes risquaient donc de venir…

Après le parcours artistique, le *bal*, deux versions. Le D.J. Kalachnikoff que Serge Kruger pouvait nous amener électrifierait les corps dans la bibliothèque, tandis que les Barreto brothers feraient chalouper dans la salle de Marbre.

Les Barreto Brothers avaient introduit la musique cubaine en France dans les années trente. Tous les jeudis soir, six mois durant, Daniel Valsin, Monsieur Loyal à l'Alcazar, nous donna des cours de salsa, de mambo et de bossa-nova dans une académie de la rue de Clichy.

Frantz invita des artistes qui n'étaient pas français. Se produire dans le parc et le château de Lurances les intéressait tous.

À notre grand soulagement, la puissante Anne Bean (du *Bow Gamelan Ensemble*) choisit le Grand canal. Dans le jardin japonais, Charles Serruya mettrait en scène un théâtre d'ombres chinoises.

Frantz et moi venions de rencontrer François Roche, un jeune architecte brillant et sympathique. C'est Frantz qui eut l'idée. Il n'y avait pas de laby-rinthe à Lurances. Ce serait la première étape. On buterait contre un mur en bottes de paille avec deux entrées, l'une permettant de passer à travers l'obstacle, l'autre faisant arpenter dans un sens et puis dans l'autre toute l'étendue du labyrinthe.

Mon amour se mit à la disposition des artistes invités et s'étonna du fait que les Français soient si peu manuels. Il réorienta certaines idées un peu agressives à l'égard des lieux, sans que leurs auteurs se rendent seulement compte qu'ils avaient changé d'idée.

Lurances était devenu un lieu de rencontres. Les artistes appréciaient. Dans les lieux culturels institutionnels où ils avaient l'habitude de travailler, personne ne présentait personne.

Frantz et moi n'avions plus de temps pour nous le week-end et pendant la semaine, mon amour travaillait dans son atelier à Jouy-en-Josas.

Je me suis demandé si nous n'étions pas tombés dans un piège. Cet événement ne servirait en rien la carrière de Frantz, le discréditerait plus probablement et moi, je deviendrais la préposée aux fêtes – mais une Marie-Laure au rabais, car je ne disposais pas des mêmes moyens.

MARIE-LAURE DE NOAILLES

Est-ce que moi aussi, je cours après les artistes ?

Je ne l'ai pas connue mais suis souvent prise à partie par des personnes qui l'ont connue ou auraient bien voulu. Et veulent me communiquer quelque chose au sujet de Marie-Laure de Noailles.

Un ami chausseur à la mode m'avait donné rendez-vous dans son bureau pour me montrer ses derniers prototypes. Il fallait pousser une porte au fond de sa boutique et on arrivait dans une garçonnière où il dessinait, se reposait et recevait les meilleures clientes et ses amis. Un type debout devant la cheminée se photographiait avec sur la tête un bas résille qui déformait ses traits. Si je l'avais connu, je ne l'aurais pas reconnu. Devais-je d'abord saluer ou émettre immédiatement un commentaire sur les chaussures ? Mon ami me fit signe d'ignorer le photographe.

— Je ne sais pas laquelle je préfère. Je les aime toutes les deux…

Une sandalette en cuir bleu ciel avec des pampilles en opaline et derrière le talon et sur le cou-de-pied, des camées, une sandale comme en biscuit, en Wedgwood. Et un escarpin cambré à outrance mais pas du tout pointu, en vraie peau de maquereau, moirée, tigrée.

L'ami chausseur me présenta au photographe.

— Qui êtes-vous par rapport à Marie-Laure ? me demanda le vieux beau aux boucles blondes en ôtant son bas comme le cambrioleur enfin en sécurité retire sa cagoule.

La question m'ennuyait. Je n'aime pas préciser mes liens, surtout si je m'adresse à des personnes que je ne connais pas. J'esquissai une réponse mais il m'avait déjà *replacée*.

— Ce devait être votre mère. À une fête, place des États-Unis. Nous nous sommes croisés au vestiaire, j'arrivais, elle partait. Le bal des Matières peut-être ou le bal Surréaliste. Deux petits chiens mais pas la même race, c'est ça qui était dégoûtant, se couraient après dans le grand hall, sous les regards des empereurs romains en porphyre, entre les jambes des invités, l'un essayait de chevaucher l'autre. C'est alors qu'une jeune femme lança comme pour elle-même mais assez fort pour être

sûre que j'entende : « On dirait Marie-Laure pour-
suivant un de ses artistes… »

Et le grand blond de me regarder avec pitié,
comme s'il compatissait : ma mère tous les jours, ça
devait être terrible.

Devais-je répondre ? Envers qui ce type aux
boucles de jeune homme mais dont les traits me
faisaient autant penser à un vieux lion qu'à un vieux
mouton se montrait-il le plus insultant ? Envers
Marie-Laure de Noailles qui, d'après ce ragot, avait
besoin des artistes d'une manière par trop bestiale ?
Envers ma mère qui, d'après ce type, ne comparait
pas sa tante à une chienne mais à un chien en rut ?!
Ou envers moi parce qu'il pensait : telle mère, telle
fille ?

À moins que ce ne fût envers lui-même.

François-Marie Banier a été un des derniers
protégés de Marie-Laure. Je l'ai appris quelque
temps après cette rencontre. Il n'était pas encore un
artiste mais devait être séduisant autrement.
Mi-lionceau, mi-brebis, un jeune monstre.

Il valait sûrement mieux être un jeune monstre
qu'un vieux beau.

Je regrette que ceux qui parlent de Marie-Laure
soient presque exclusivement des décorateurs, des
homosexuels mondains ou des gigolos ; ils font
d'elle immédiatement et à chaque fois une légende.
Je ne peux rien apprendre non plus de la bouche de

ses descendants, qui se comportent comme s'ils préféraient qu'elle n'eût pas existé. Ils détiennent grâce à elle et son époux, Charles de Noailles, le frère de mon grand-père, des trésors qui leur permettraient de ne pas travailler s'ils le décidaient, mais Marie-Laure ne fut ni une mère très attentive, ni une grand-mère très intéressée. Pour se venger, ils ont décrété qu'elle aimait le scandale. Comme si une vie pouvait être ainsi résumée.

L'AUTRE

Ce qui devait arriver arriva.

Je l'ai rencontré. L'Autre de Frantz, très précisément

Le soir où je fis sa connaissance, il arborait un *style* certain – chic britannique et touches de fantaisie –, des bretelles avec, brodé sur toute leur hauteur, un gros bras au trapèze enchaînant ses figures.

— Le gendre idéal ! s'est exclamé Frantz la première fois qu'il l'a croisé, et il a souri.

L'Autre réalisait des documentaires sur des artistes ou des fictions au milieu desquel des artistes acceptaient de jouer leurs propres rôles. Il proposa de filmer les répétitions à Lurances, les réunions préparatoires, les discussions.

Il savait que j'allais me marier mais quand on se voyait, on ne parlait pas de cette échéance.

— Inventer ma vie, me déclara-t-il, m'intéresse plus que produire une œuvre.

Ce genre de formulation ne pouvait que plaire à celle qui voulait tout expérimenter avant de choisir, éprouver la signification des mots avant de les utiliser. Je me fis aussi la remarque que n'importe qui pouvait tenir de tels propos, y compris celui ou celle qui n'était pas capable de produire quoi que ce soit.

Il connaissait personnellement et Julian Schnabel et Bob Wilson, et aussi quelques héritières.

— La folie des personnes qui ont beaucoup de moyens me fascine autant que le processus créatif.

La folie des gens avec beaucoup de moyens, je n'imaginais pas ce qu'il pouvait y avoir de si intéressant.

Est-ce que je connaissais Lamu ? Une île au large de Zanzibar. Quand l'Autre me fit cette proposition, je me suis vue dans un mauvais mélo. *Lamou*, bêlerait un lama qui voudrait parler d'amour.

Même si je n'avais pas envie de le suivre à Lamu, ni d'aller sur le bateau d'une fille qui avait été longtemps amoureuse de lui et l'était peut-être encore, la facilité avec laquelle nous nous entendions m'étonnait, j'étais troublée par la manière dont nous nous donnions du crédit.

On lui avait prêté un appartement vide à Paris, le temps qu'il fasse les repérages pour son prochain film. Il avait acheté plusieurs hortensias bleus, assez laids mais vraiment turquoise, turquoise des mers du sud, qu'il avait fixés à son petit balcon qui donnait sur une cour, pour « faire descendre le ciel jusqu'à nous… ».

Un beau jour, je ne regardais pas, il se pencha et embrassa mon petit doigt. Je crus qu'un papillon avait délaissé les fleurs pour goûter ma peau.

Je passais un temps autrement considérable avec Frantz, nous continuions à préparer le mariage. L'agréable avec l'Autre, c'est qu'on pouvait parler de n'importe quoi, sans obligation de résultat.

Il m'invita à chasser à courre en Angleterre. Ce sport, m'avait-il expliqué, était là-bas un loisir accessible à tous. Je n'avais jamais chassé à courre, cette pratique me faisait peur mais m'attirait aussi. Je méritais bien une récréation.

— Tu es, bien entendu, invité, déclarai-je à Frantz.

Je savais que ce genre d'expérience l'intéressait peu, qu'il préférait travailler.

— Tu dois venir, ajoutai-je sans savoir pourquoi, si tu penses qu'il faut nous surveiller.

— Jamais je ne surveillerai la femme que j'aime, répliqua mon fiancé.

Un jour, l'Autre me parla du Donjon, une maison à Londres où il se rendait parfois, et où se pratiquaient toutes sortes de jeux sexuels. La description d'une femme qui se faisait étendre sur une table et lentement, des talons à la racine des cheveux, en laissant un intervalle au niveau des narines, bander par des officiants sous les yeux de nombreux spectateurs m'impressionna. Ils terminaient en enserrant le bas de son visage. Un des officiants plaçait alors son oreille sur la poitrine de la femme et quand le rythme cardiaque ou la respiration ralentissait, il arrachait toute la bande et elle jouissait comme elle ne le pouvait d'aucune autre façon.

L'Autre réalisait des films et quand c'était la saison, retournait chasser en Angleterre. Il m'avait promis que sur ce territoire, les chevaux ne sautaient pas, ni haies, ni murets. Je ne montais pas souvent, j'avais chassé le cerf à cheval en Argentine mais il y avait longtemps.

Il a loué un cheval pour moi et nous logeons chez des amis, une femme qui préfère les femmes et un homme qui préfère les hommes, ils vivent en couple et ont restauré une belle et vieille maison.

À cheval, dans la lande, la compagnie est variée : agriculteurs, jeunes filles en porcelaine, vieux messieurs qui ressemblent à mon père.

Le cerf a été repéré. Ceux en veste rose partent les premiers et on les suit, il ne faut pas les dépasser. Nous avons attendu le signal et galopons maintenant à fond de train.

— *Hold the gate, hold the gate*, se lancent les cavaliers qui passent d'une étendue clôturée à l'autre.

— *Hate, hate*, me semble-t-il entendre.

Combien de temps au triple galop ? J'ai déjà un point de côté. J'hésite à tourner la tête pour voir si je suis toujours accompagnée.

C'est le printemps, les *moors* sont couleur tapis brosse.

Je ne sais pas depuis combien de temps nous sommes partis mais l'idée de devoir refaire en sens inverse ce que j'ai déjà parcouru, cette idée me traverse et je me sens faible, je desserre les cuisses, me projette en arrière et tire sur les rênes pour arrêter mon cheval dans sa course effrénée.

L'Autre s'aperçoit que je ne suis plus à ses côtés et rebrousse chemin à bride abattue. Je l'encourage à continuer, à me laisser, on se retrouvera plus tard, chez les amis, je demanderai ma route. Il refuse en riant. Il est ici aujourd'hui pour être avec moi. Nous rentrons ensemble. Les amis sont sortis, ils nous laissent la maison pour le week-end et quelques instructions sur une feuille de papier pour que nous profitions au mieux des lieux. Je suis un peu étonnée, mais ne pose aucune question.

Chacun dans sa salle de bain s'est fait couler un bain fumant, notre chair s'est amollie, à la fois réchauffée et détendue. Je suis sortie de l'eau la première et j'ai été me blottir sous sa couette, j'ai peur de m'endormir avant qu'il n'arrive, il chantonne dans son bain.

Quand je rouvre les yeux, le soleil allume le jaune des petits losanges en verre sertis de plomb en haut du mur de la chambre. Je ressens une douleur qui n'est pas désagréable entre les cuisses. J'ai longtemps galopé. L'Autre dort encore dans mes bras.

Je jouis de ce moment, de la douceur, un moment parfait, détaché de tout.

SCANDALE

Comme Philippine l'avait prédit, de retour à Paris, les choses n'ont plus été simples. Les invitations pour le mariage avaient été postées, les dates et même les heures étaient annoncées.

Je n'avais pas assez de l'Autre, j'étais en train de tomber amoureuse et d'autant plus passionnément que je devinais, de manière imminente, que quelque chose n'allait plus être possible.

Je n'eus rien à dire à Frantz. Il remarqua le trouble dans lequel se trouvait celle qu'il devait épouser avant l'été. Comment pouvais-je aimer deux hommes aussi différents ? Qui étais-je à la fin de l'histoire ou au bout du compte ?

Frantz ne comprenait pas comment j'avais pu le tromper avec l'Autre, et encore moins pourquoi.

L'Autre savait discuter dans les salons mais la manière dont il gagnait sa vie n'était pas claire. L'Autre était sûr de lui et paraissait globalement satisfait.

Je devais annoncer à mes parents ce qui était arrivé et n'était pas prévu au programme. Je tenais à ce qu'ils soient témoins de la confusion sentimentale dans laquelle j'étais en train de sombrer. Il me fallait remettre en question l'ordre qui était sur le point d'être rétabli, la nouvelle harmonie.

Frantz et moi désirions parler à d'autres, allions chercher de l'aide. Frantz parlerait avec ma mère et moi, comme d'habitude, je m'entretiendrais avec mon cher papa…

C'est la première fois qu'elle vient depuis que Frantz a emménagé chez moi. Philippine regarde autour d'elle pour noter les changements mais ne remarque rien.

— Si j'étais vous, dit-elle à Frantz, après ce qu'elle vous a fait, moi, je quitterais Valentine. C'est le moment ou jamais de partir. Vous devriez l'oublier.

Maman n'a pas loupé l'occasion de faire connaître sa préférence.

J'ai été voir mon père dans son bureau qui regarde l'Assemblée nationale et la place de la Concorde, dans l'immeuble qui abritait il n'y a pas si longtemps le prestigieux Club de la Pomme de Terre, cousin du cercle de la rue Royale.

Le tableau qui représente quelques membres de ce club-là vient d'être acquis par le musée d'Orsay, deux Ganay y figurent aux côtés, entre autres, du marquis de Gallifet, aux côtés aussi de Charles Haas, un des modèles qui inspira Proust pour créer Swann.

— Vous apprécieriez beaucoup l'homme que je viens de rencontrer, vous vous entendriez peut-être même plus facilement avec lui qu'avec Frantz.

Mon père ne veut pas faire la connaissance du nouvel amant, du dernier en date.

— Je commençais à apprécier votre fiancé. Une chose est sûre : cette situation ne peut pas durer. Je vous donne une semaine pour vous décider. Ou on annule tout et vous faites ce que vous voulez, je ne veux pas le savoir, et on ne vous voit plus pendant un moment. Ou vous épousez Frantz mais je vous préviens : je ne veux pas entendre parler d'un divorce dans quelques années. Vous avez les mœurs d'une femme de chambre.

Le Journal d'une femme de chambre d'Octave Mirbeau était un de mes romans préférés, mais je ne me représentais pas très précisément les mœurs de celles qu'aujourd'hui, on n'appelait plus des femmes de chambre.

Frantz et moi sommes allés parler au prêtre qui avait accepté d'unir les incroyants que nous étions. Du moment que nous avions été baptisés et que nous acceptions de donner une éducation religieuse à nos enfants si nous en avions, l'Église acceptait de consacrer notre union. Ce prêtre – encore un cousin – nous avait paru très raisonnable et même pragmatique.

Je lui ai relaté la dernière de mes aventures, ce qui venait de se passer à quelques semaines du mariage. Il fermait les yeux pour mieux m'écouter. Quant à Frantz, il oubliait de se sentir humilié.

— J'ai l'impression que tu m'as raconté le dernier film que tu es allée voir et ça me fait l'effet d'un *navet*; mais chacun son goût! observa mon cousin prêtre.

Il n'a pas cherché à savoir ce que Frantz voulait. Lui a parfois souri, mieux qu'avec bienveillance, presque complice. Ce n'était pas à eux d'agir, ni même seulement de parler.

— Essaie d'aller à l'intérieur de toi-même, écoute tes sentiments les plus profonds...

Je tendais l'oreille mais n'entendais rien.

— C'est toi qui sais, a-t-il ajouté, si tu veux une histoire qui dure ou pas. Une histoire avec ses doutes, ses ambivalences ou si tu préfères... Je suppose que ça s'appelle une *passion* et d'après moi, on peut sûrement en éprouver plusieurs au cours d'une vie.

Je n'éprouvais plus rien pour personne, j'avais l'impression que mon cœur avait été extrait de ma cage thoracique.

Pouvait-on désirer une-histoire-qui-dure ? J'avais du mal à éprouver la réalité de cette possibilité, mais je ne voulais pas que mon histoire s'arrête, pas déjà, et ce qui avait commencé avec Frantz me semblait arriver à son terme à la date fixée pour le mariage. Nous avions mené quelques batailles et vaincu les préjugés puisque notre volonté l'avait emporté et qu'un beau mariage allait être célébré, mais après, je ne me représentais plus rien et cette absence d'images qui m'attirait il y a quelques mois, me faisait désormais très peur.

Grand seigneur comme à son habitude, Frantz me laissa décider. J'avais trois choix. Frantz, l'Autre ou ne pas choisir. Cette dernière hypothèse était une illusion. On pouvait peut-être aimer deux hommes mais pas vivre avec les deux.

L'Autre ? Lui et moi, on se comprenait trop vite. Passion narcissique. Et il se trouvait probablement dans trop d'endroits pour être jamais quelqu'un quelque part. Je jugeais cette capacité à circuler comme une qualité, d'autant qu'elle n'était pas innée, mais on ne pouvait pas être deux à fonctionner de la même façon. Et si, hypothèse que je ne pouvais exclure, lui et moi étions des faux aventuriers, de mauvais artistes, je n'allais rien faire pour ma rédemption en m'associant avec un individu de cette espèce.

Je me disais aussi que si je ne devenais pas écrivain, la vie aux côtés de Frantz allait être difficile, car lui était un vrai artiste, il n'y avait aucun doute, il avait tout le temps des idées, alors que moi, je devais inventer ma vie pour avoir quelque chose à raconter, je ne savais pas m'y prendre autrement.

En y réfléchissant bien, je ne devais pas aimer ces deux-là, ni l'un, ni l'autre, puisque désormais, il me semblait avoir besoin des deux ensemble pour que je m'y retrouve.

Je n'avais pas envie de choisir ou l'un ou l'autre, je préférais les quitter tous les deux.

MON PLUS VIEIL AMI

Charles est un fils de famille, son nom est celui d'une banque, une banque, donc, familiale. Une place l'y attendait, quand il se déciderait, s'il se décidait. Le seul ami qui me restait de l'époque des rallyes. J'utilise l'imparfait parce qu'aujourd'hui, je ne l'ai plus. À cause de ce que j'ai cru devoir lui dire. Étant donné les amis que nous étions.

Charles sera toujours un jeune homme qui touche le cœur des femmes et amuse les hommes. Il passait des week-ends avec Silvana Mangano et Helmut Berger dans un hôtel sur la plage du Lido à Venise et je me représente mal ce qu'ils faisaient ensemble exectement.

Charles était amoureux de mon premier amoureux et tous les trois, nous avons beaucoup exploré Paris la nuit. Il faisait des petits boulots qui payaient mal, portier de nuit dans des hôtels, gardien de parkings, parce qu'il désirait avant tout avoir du temps pour écrire. Il avait des goûts de poule de luxe et le reconnaissait, mais n'avait pas encore besoin de gagner sa vie pour les satisfaire, il était suffisamment charmant pour être invité où il voulait.

À la différence du personnage incarné par Terence Stamp dans *Théorème*, il n'allait pas jusqu'à coucher avec des filles ou des femmes, mais quand il arrivait quelque part, on pouvait être sûr qu'il allait se passer quelque chose. Il était très curieux du désir des autres, et joueur. Ses cheveux blonds, sa raie sur le côté et sa mèche insoumise lui donnaient un air bien élevé et rassurant.

Chacun de nous savait que l'autre écrivait mais nous parlions surtout de nos vies, de la liberté qu'il nous fallait, des sensations et des révélations sur lesquelles nous misions.

Charles nous avait invités, Frantz et moi, dans une maison qu'il avait louée à East Hampton. Et un ami de Frantz, un homosexuel américain, nous proposait de passer une autre semaine chez lui, à South Hampton. Les *shingle*, ces tuiles en bois si typiques de l'architecture américaine, seraient-ils assemblés de la même façon dans les deux endroits ? Selon qu'on regardait vers le continent ou vers l'océan, les paysages changeaient radicalement. Les *farmer's markets* donnaient l'impression qu'on achetait des pommes cueillies dans le pré d'à côté et au volant de voitures arrêtées de travers sur l'herbe au bord des routes, des policiers en chiffon nous attendaient.

Nous n'étions pas les seuls invités. Charles avait loué une grande maison et dès le premier jour, il nous laissa nous débrouiller pour trouver la bonne plage ou le meilleur *fishmonger*, on avait tous envie de faire cuire des coquillages dans le sable. Charles petit-déjeunait avec nous et s'enfermait ensuite toute la journée dans sa chambre pour écrire, on se retrouvait le soir. Or, si j'avais traversé l'Atlantique pour retrouver mon plus vieil ami et le présenter à Frantz, ce n'était pas seulement pour profiter de sa générosité matérielle, je désirais passer du temps avec lui, refaire connaissance après toutes ces années au cours desquelles nous nous étions moins vus.

Plutôt qu'interroger la manière dont il comprenait son rôle d'hôte, je lui demandai de bien vouloir me laisser lire ce qu'il était en train d'écrire. Il hésita.

— Tu ne peux pas espérer continuer à travailler et ne pas répondre au moins à cette demande…

Je m'isolai une journée entière pour lire ce qu'il avait finalement accepté de me confier.

Il n'y avait rien. Je ne rencontrais personne. Ni personnages, ni écrivain. Charles racontait comment il était difficile pour un jeune homme né dans les années soixante dans le milieu de la haute finance d'affirmer son homosexualité. Charles, dont la famille était liée à la noblesse d'Empire et apparentée à la mienne, y était parvenu. Mais pas une pensée, pas une expression ne lui appartenait. Cela me fit peur. Une confession maquillée en récit et on s'ennuyait.

Pourquoi, après toutes ces années d'aventure et d'écriture, en était-il là ? Et je me posais une autre question : que faire avec ce que je ressentais et avec ce que je pensais ? Me taire pour qu'il poursuive ? Ou, parce que Charles était mon ami, lui faire part des réflexions que je m'étais faites en le lisant ?

J'ai proposé qu'on se parle dans la piscine qu'il y avait derrière la maison parce que je savais que j'allais pleurer. Il faisait particulièrement chaud cet après-midi-là et l'air était immobile. Les autres étaient partis nager dans les vagues.

— Tu sais que tu es mon plus vieil ami, commençai-je… J'ai le sentiment que tu as dû t'inventer un personnage pour te libérer, pour vivre ta vie et je te félicite parce qu'on connaît tellement de gens qui sont cloués à la case départ. Mais, si je puis me permettre, cela ne fait pas de toi un écrivain. Il est d'ailleurs probablement impossible d'être en même temps un personnage *et* un écrivain. Tu me suis ? On peut se tromper soi-même. Je veux dire : on peut s'y perdre…

Je sentis mes joues mouillées et je n'avais pas encore nagé. J'avais peur de ce qui allait nous arriver.

À lui.

Et à moi.

Et à nous parce qu'il ne comprenait pas ce dont je parlais, il comprenait seulement que je ne le voyais pas comme un homme libre.

Moi aussi j'avais dû m'inventer et faire beaucoup d'histoires. Mais qui disait que j'avais seulement commencé à écrire ?

PERSONNAGE

Je me suis mariée en armure. Entendons-nous : pas déguisée, une robe faite sur mesure.

Philippine m'a aidée à trouver le tissu de la jupe et des manches dans un magasin de tissus d'ameublement et une couturière a ajusté le poitrail en métal et le dos en cuir avec des rubans de soie pour émousser l'aspect prothèse orthopédique. Nous avons déniché ce haut d'armure au rayon des costumes pour enfants à l'opéra Bastille ; cela m'allait comme un gant.

Certains, après, ont parlé de Jeanne d'Arc.

— Il ne faut trop se fatiguer dans la vie sinon il ne reste plus d'énergie pour écrire, m'avait dit un jour Sollers. Si vous expérimentez tout, personnellement, vous risquez, sur la page, de vous auto-censurer, de vous punir pour ce que vous aurez fait en réalité, en société, si vous préférez…

LE FONCTIONNEMENT SOCIAL
EST HOMOSEXUEL

Proust pensait que la formule avec laquelle on stigmatisait à son époque les *invertis* : « En est-il ou n'en est-il pas ? » caractérisait la société française dans sa totalité. Je suis bien de son avis.

Un siècle plus tard, Stéphane Zagdanski, brillant auteur de ma génération, démontre que ce que *La Recherche* nous révèle, c'est le caractère *hétérosexuel* de l'écriture...

Que penser de ce qui nous est arrivé à Long Island ?

Frantz et moi avions sympathisé avec les amis de Charles, des hommes de la Vieille Europe qui préféraient les hommes, et chez le copain de Frantz, avec des homosexuels du Nouveau Monde. Deux espèces différentes. Les Européens n'affichaient pas leurs préférences, ils étaient peut-être homosexuels mais il y avait toutes sortes de genres. Les Américains donnaient l'impression de faire partie d'un club, ils portaient les mêmes débardeurs en coton blanc de Ralph Lauren, avalaient les mêmes compléments alimentaires et se retrouvaient sur une plage et pas sur les autres. Ils lisaient ce que recommandaient des critiques littéraires homosexuels. Mais ce qui m'impressionna le plus et me troubla durablement, c'est ce qui arriva lorsque Frantz et moi avons pris de l'ecstasy en cette compagnie.

Nous étions tous invités à une fête dans une des belles maisons des Hamptons, tout était blanc, le sable sous la lune et les planches qui permettaient de marcher dans les dunes, les tenues des femmes et celles des hommes, les serviettes-éponges qui enveloppaient les matelas ainsi que les *piñas coladas*.

Ceux qui désiraient partager l'expérience s'étaient installés sur la pelouse à l'orée de la forêt. Pour goûter cette drogue, on nous avait prévenus, les circonstances devaient être les bonnes. Chacun avala son comprimé. Et on continua à boire et à manger. Et puis, on n'a rien pu avaler.

Frantz caresse les cheveux d'une fille avec laquelle il parle depuis qu'il l'a rencontrée au bord de la piscine. Un homme masse la nuque et les épaules d'un autre assis en tailleur qui ne paraît pas souffrir de raideur excessive. L'ami de cœur de notre ami américain est venu me parler, je le trouvais assez laid mais très gentil et *intéressant* dans la mesure où je m'intéresse à lui. Est intéressant ce qui me fait sortir de moi-même, ce qui me lie au monde. Cette substance fait jouir du lien, de la relation qui se met en place, on ne désire rien d'autre. Ce type qui a des cheveux châtain épais, des vagues volumineuses, je me demande s'il ne s'est pas fait un brushing avant la fête. Il prend ma nuque dans sa main et amène ma bouche à la sienne comme aucun homme ne l'a jamais fait.

Ce garçon qui, lorsqu'il n'avalait pas d'ecstasy, préférait notre ami américain et sans nul doute d'autres hommes avant lui et d'autres après, ce soir-là m'a embrassée comme s'il en avait rêvé depuis qu'il était né. Je n'oublierai pas ce baiser.

LA FIN DE LA LUTTE DES CLASSES

À la mort de mon grand-père, filleul et héritier de Martine de Béhague, mon père et ses frères avaient choisi de vendre le très grand Guardi dont ils avaient hérité en indivision. Sollers préparait *Fête à Venise*, son roman sur le marché de l'art – le marché de l'art considéré comme symptôme.

J'ai emmené Sollers à la Maison de la Chimie. Christie's exposait les clous du spectacle des ventes à venir dans cet immeuble bien nommé pour que la transmutation de l'émotion esthétique en mouvement financier puisse avoir lieu. Avant l'ouverture au public parce que je ne voulais pas rencontrer des gens que je connaissais vaguement et à qui j'aurais dû présenter Philippe Sollers.

Du temps où il était accroché à Lurances, le Guardi occupait tout un mur du salon Doré, je ne m'étais jamais arrêtée pour le contempler ; maintenant, c'était ma dernière chance.

Sollers fait les cent pas devant le tableau qui, à la Maison de la Chimie, occupe aussi tout un mur.

— Remarquez-vous quelque chose ? me demande-t-il en se tournant brusquement vers moi.

— Il y a une grande tenture bleue qui se gonfle à l'entrée de cette église…

Je me suis toujours sentie bien dans la proximité de ce tableau, même si je ne me suis jamais dit ce que j'y voyais. J'avais l'impression de traverser non pas le salon Doré, mais une version méridionale et idéale de Lurances : de l'eau, des palais et des petits personnages anodins.

— Il y a du monde qui circule des quais vers les bateaux, qui monte, qui descend les escaliers, qui s'apprête à prendre le large, qui se penche aux balcons mais on ne peut distinguer si ses figures sont des pêcheurs ou des marquises. Notes d'humanité, sur la partition de pierre, d'eau et de ciel. Virgules pour ponctuer le paysage.

Il dit vrai. On ne peut situer socialement les personnages dont Guardi a peuplé son paysage. Ils paraissent néanmoins très à leur place, contents de se trouver là où ils sont, à faire ce qu'ils font.

Après un moment de contemplation, je me suis demandé si la beauté *classique*, ce n'était pas cette paix.

« *LURANCES, LES PETITS BATEAUX...* »

On n'a pas vendu le Guardi puisque je peux entrer dans le tableau et m'y promener. Derrière un palais à la façade dorée, on arrive sur le Grand canal. Une gondole prend le large, pleine de voyageurs silencieux. En actionnant sa rame unique, le gondolier déchire la surface blanche de fleurs de peupliers tombées et le sillage qu'il laisse derrière lui, une eau très noire, va s'élargissant. Perpendiculaire à ce long canal, se trouve un petit canal au-dessus duquel des lauriers et des buis tressent leurs bras verts. « *By a waterfall, I am calling you, ou-ou, ou-ou, by a waterfall...* », une chanson s'échappe de la grotte végétale, une mélodie et un rythme délicieusement désuets et sentimentaux. Dans le noir de cette salle de projection bricolée, de ce théâtre de verdure, on distingue des bouquets de filles en maillots de bain qui plongent, nagent et forment avec leurs corps des fleurs et des fontaines. Busby Berkeley. Autrement épatant qu'Esther Williams.

Je n'oublierai pas cette double perspective qu'on pouvait saisir d'un seul coup d'œil, il suffisait de se mettre au bon endroit et de regarder de gauche à droite.

Autre tableau. L'homme de Vitruve, le dessin de Léonard de Vinci, vous dépasse en tournant sur lui-même ; un type dans une bulle, il glisse sur l'herbe et va bientôt filer sur l'eau. Ses membres écartés semblent mesurer le paysage en même temps qu'il se déplace, il s'agit de la balule de Gilles Ebersolt, il l'a d'abord conçue pour explorer la vie des canopées – une manière de se promener tantôt sur les pieds, tantôt sur la tête.

J'ai beaucoup ramé pour arriver à ces images mémorables en même temps qu'éphémères.

J'invitai à Lurances des *petits bateaux* et leur capi-taine. Un type de modèle réduit pour chaque bassin : des trimarans, des *racers*, des vieux grée-ments et même des sous-marins. Ce jardin d'eau n'était-il pas fait pour accueillir cet *événement*? L'idée était née dans l'esprit de l'attachée de presse que j'avais engagée pour mieux faire connaître Lurances. On attirerait les familles, c'était sympa-thique. La chanson : *Maman, les petits bateaux, qui vont sur l'eau, ont-ils des jambes* m'avait inspirée. *Lurances* à la place de *maman*.

Je m'étais associée à une Ligue de l'Enseignement pour monter mon projet.

La société des modélistes est très hiérarchisée. Les aristos font voler des avions radiocommandés, le prolétariat est constitué par ceux qui se contentent de manœuvrer des trains – beaucoup de retraités du rail – et la classe moyenne, la plus nombreuse, fait voguer des petits bateaux sur les plans d'eau des zones de loisir.

Le budget allait grossissant et en tant que « puissance invitante », j'étais celle qui devait présenter et défendre le projet à la presse et aux pouvoirs publics.

Les modélistes souhaitaient installer leurs *racers* sur une vaste pièce d'eau à dix côtés et pour protéger les enfants – ces bolides pouvaient dans un virage, s'envoler et décapiter une tête à faible hauteur – réclamaient des barrières Vauban tout autour, ça n'allait pas être très joli et ça allait coûter cher.

C'est moi qui suis allée chercher les *voiles libres* et le jeune homme qui les faisait naviguer sur le bassin des Tuileries ; lui ne faisait partie d'aucun club, elles n'étaient pas radiocommandées, il fallait seulement qu'il y eût du vent. Les enfants repoussaient alors les coques en bois peintes de toutes les couleurs avec de petits bâtons des rives vers le large.

J'avais fait fabriquer des canotiers pour les modé-listes et tous ceux qui seraient actifs ce week-end à Lurances, histoire de donner un peu de *style* à l'affaire. La Ligue de l'Enseignement voulait que son logo apparaisse sur le ruban des canotiers, je m'y opposai, mes sœurs et les hommes qui travaillaient dans le parc n'étaient pas affiliés, on ne faisait pas encore tous partie du même club.

L'attachée de presse avait obtenu de la part des responsables l'assurance que quoi qu'il arrivât politi-quement parlant, quel que fût le montant de la subvention attribuée par les élus, nous resterions engagés les uns vis-à-vis des autres, solidaires dans l'aventure. Les affiches déjà imprimées le procla-maient.

C'est elle qui m'appela pour m'apprendre la nouvelle. Le Conseil général ne nous avait même pas accordé le tiers de ce que nous demandions et la Ligue de l'Enseignement se retirait. Celle qui était devenue mon amie dans l'aventure ajouta qu'on pouvait tout annuler ou, si je préférais, reporter à l'année prochaine. J'étais au volant de ma voiture dans la forêt de Fontainebleau. J'ai dû m'arrêter au bord de la route parce que ma bouche, soudain, était sèche et je ne savais plus où j'allais.

On en avait trop fait pour reculer maintenant. Je savais qu'on pouvait organiser quelque chose qui vaudrait le déplacement avec les moyens qu'on avait, il s'agissait de s'y prendre autrement. Et je devinais que les nouvelles idées seraient d'autant meilleures qu'elles auraient moins coûté.

Il me fallut reformer les rangs. Je partis réquisitionner les modélistes dans leur habitat naturel, au bord des plans d'eau des zones de loisir à Viry-Châtillon ou Châtenay-Malabry. Je fournirais tout ce qu'il fallait en matière d'équipement et de sécurité, je m'y engageais, et le nouveau directeur technique que j'allais trouver, un modéliste indépendant, le leur confirmerait mais là, maintenant, je devais savoir qui était avec moi et qui était contre – mon bateau partait, ils embarquaient ou ils restaient à quai. Je pouvais défendre leurs intérêts aussi bien que d'autres individus et peut-être même mieux, ils ne pouvaient pas ne pas s'en être rendu compte. Et maintenant, la Jeanne d'Arc des modélistes…

J'ai oublié le stress, mais la facilité avec laquelle certains ne se sont pas rappelé la parole qu'ils m'avaient donnée, je ne vais pas l'oublier. Comme si la promesse faite par ces fonctionnaires et petits chefs à une fille qui avait un château n'avait pas la moindre valeur, n'avait même jamais pu exister. Ils ne pouvaient m'avoir donné leur parole, ils ne devaient rien me donner parce que j'avais déjà trop, au départ. Pas la peine de jouer les princesses et de réclamer.

Un poste du budget que je ne pus réduire : le nombre des sauveteurs au bord des pièces d'eau les plus grandes ou les plus profondes et autour desquelles les enfants allaient se masser, se pousser.

Ils furent peut-être ceux à avoir le plus apprécié la vidéo de Bill Viola. À plusieurs reprises, j'en ai vu assis dans la tente que l'artiste avait exigée. Fascinés. Un homme se dévêt et fait une « bombe » dans un bassin au milieu des bois, une fontaine avec un bord en pierre, il disparaît et... réapparaît. *À la claire fontaine, m'en allant promener, j'ai trouvé l'eau si claire que je m'y suis baignée...* Les sauveteurs essayaient de comprendre ce qui se passait et comment ça avait été filmé.

Douze mille personnes vinrent ce week-end à Lurances, et ce qui me parut à moi le plus merveilleux, le plus étonnant, fut la manière dont les groupes se croisèrent : les Amis de Beaubourg qui étaient venus voir Bill Viola en dehors du musée ; les gars de la Marine, tout en blanc, qui paraissaient découvrir un nouveau port où ils auraient désormais plaisir à mouiller ; les modélistes avec leur famille plus ou moins dysfonctionnelle, parce que les modélistes sont tous des grands enfants ; ceux qui habitaient la région parisienne et se promenaient plus souvent dans des espaces verts et des jardins publics que dans des parcs de châteaux ; les Parisiens, enfin, blasés certes, mais les entraîner au-delà de ce qu'ils croient connaître n'est pas toujours impossible.

L'attachée de presse et moi avions rédigé de nouveaux *flyers*. Nous parlions d'un parc qui *réconcilie les idées d'ordre et de liberté*.

« *Lurances, les petits bateaux…* » fut annoncé au journal de 20 heures et la foule fut au rendez-vous. On était loin cependant d'une impression de jardins « remplis ». J'ai sondé les sentiments des uns et des autres.

— J'ai trouvé l'atmosphère très *gentille*, reconnut Philippine.

Une autre aurait employé l'adjectif *sympathique* ou *paisible*.

— … Beaucoup de gens m'ont remerciée de partager des lieux aussi beaux, ajouta-t-elle. Après m'avoir demandé si j'habitais le château.

— Il n'est pas certain que ces gens reviennent à Lurances quand il n'y aura plus de petits bateaux, commenta, et ce fut sa seule parole, ma sœur Marthe.

Faire venir ou revenir ceux qui connaissent déjà ou croient connaître ces lieux m'inspire peu, je l'avoue.

Ma sœur et mon beau-frère se sont promenés au milieu des visiteurs et n'ont pas fait la moindre remarque. Je leur ai présenté le directeur technique et sa compagne, qui s'appelait Muguette. Marthe ou

216

Martin auraient pu dire quelque chose de *gentil* à propos de ce prénom.

Quand j'ai voulu connaître les sentiments du président du Conseil général socialiste, qui avait eu non seulement l'amabilité de nous subventionner – pas beaucoup, mais quand même –, et celle aussi de venir sur place voir comment les choses se déroulaient, je lui ai prêté mon vélo pour qu'il puisse faire rapidement un tour et se rendre compte, j'ai eu du mal à obtenir une réponse. C'est moi qui lui ai donné les mots.

— Trop... *populaire* ? proposai-je.

— Par rapport au cadre, cette manifestation m'a paru un peu, un peu... *populaire*, oui.

Aurait-il préféré se promener au milieu de créatures en perruques et crinolines ?

Mon beau-frère, qui préférait sûrement la compagnie du C.A.C. 40 et le président du Conseil général socialiste, étaient donc du même avis.

MOURIR

Papa est mort.

Je suis allongée sur mon lit, dans ma chambre sous les toits, à Lurances. J'ai ouvert les fenêtres pour créer des courants d'air. Baissé les stores en lattes de bois côté parc, elles arrêtent la moitié de la lumière, l'autre moitié tiédit les draps et ma peau à certains endroits. Côté cour, derrière la tête du lit, j'entends les voitures qui remontent l'allée d'Honneur.

Un *serre-pinces* a été organisé dans la salle de Marbre, je ne pense pas pouvoir descendre.

J'entends mes filles qui jouent et poussent des cris autour du Miroir. Naomi ne sait pas nager mais fait des « bombes », les unes après les autres, même si

218

elle ne sait pas nager, ses sœurs plongent pour la sauver, sans se lasser.

Elle prend son élan, elle court depuis l'allée qui fait le tour du château et saute en se tenant les genoux pour éclabousser à la ronde le plus largement possible. J'ai très envie d'aller les rejoindre pour prendre le frais, prendre le large même si, là, tout de suite, je suis incapable du moindre mouvement.

Ai-je dormi longtemps ?

J'avais organisé une sorte de fête. Ou plutôt, il n'y avait plus de murs. Les gens arrivaient de partout, de n'importe où et d'autres s'en allaient, s'égaillaient dans toutes les directions. Pas de foules, des promeneurs comme dans un tableau pour donner toute sa dimension au paysage, beaucoup tenaient des paniers à la main.

À une branche basse du gros platane que Frantz a mis en valeur – il était noyé dans un taillis de sycomores, il l'a taillé, sculpté, isolé et maintenant, on peut admirer cet individu hors de tout alignement dans ce parc à la française –, j'ai accroché un demi-œuf en rotin, cet objet typique d'un certain design des années soixante.

Un grand duc très vénérable y oscille doucement, les yeux mi-clos. Son plumage moucheté est parfaitement lissé, on pourrait croire qu'il s'agit d'une bête empaillée. Il n'ouvre pas le bec mais je l'entends qui répète :

— Il ne faut pas trop se fatiguer dans la vie, sinon il ne reste pas assez d'énergie pour écrire.

Après l'avoir écouté, deux femmes, bras dessus, bras dessous, une tête penchée dans un sens, l'autre à l'opposé, gambadent en riant vers le fond du parc. Martine de Béhague et Marie-Laure de Noailles. Et la première de jeter sa perruque mauve par-dessus les têtes molles d'une ligne de charmes récemment plantés.

Je n'ai pas envie de rejoindre ceux qui se serrent la main ou s'embrassent parce qu'aujourd'hui, on dit adieu à mon père. Mon devoir est d'abord de parler à mes filles.

Il fait extrêmement chaud. Est-ce le début d'une brise que j'entends dans les ramures des platanes ou les voitures qui continuent à arriver, pare-choc contre pare-choc, tout en douceur ?

Tout ce temps que j'ai passé où je vous ai laissées, mes amours, vous inventer sans moi. Il fallait, je devais d'abord raconter cette histoire.

Il est temps maintenant de passer à autre chose.

À l'étage des salons, il y a des filles de mon âge, elles sont mariées pour la plupart, ou divorcées, ont des enfants, elles travaillent dans le domaine culturel ou se sont engagées pour des causes humanitaire.

Aucune artiste mais plusieurs employées par Christie's ou Sotheby's. A priori des jolies manières, un carnet d'adresses et une connaissance approximative de l'histoire de l'art.

Étant donné que la reconversion des châteaux en hôpitaux militaires n'est pas prévue dans l'immédiat, et justement parce qu'elles sont infiniment plus modernes que leurs grand-mères, d'autres filles s'épuisent à mettre au point le *social business,* un nouveau métier, une manière de faire du profit en même temps que la charité.

Ma mère a envoyé un faire-part à mon amie Mélanie pour la convier à l'enterrement de mon père. Je suis sûre qu'elle est venue mais je doute qu'elle s'élance à ma recherche. Encore une que je ne vois plus. Je lui donnais à lire ce que j'écrivais et elle me disait souvent :

— Attention, on pourrait penser que tu considères ta vie plus intéressante que celle de n'importe qui, puisque tu te contentes de nous la raconter.

Quand j'écrivais des notices au sujet de Lurances à l'intention des visiteurs, Philippine me demandait :

— Pensez-vous que les gens soient intéressés ?

Les filles de mon milieu n'ont guère le choix. Ou elles travaillent à la reproduction des caractéristiques du groupe ou bien elles deviennent des personnages.

Marie-Laure de Noailles ou Martine de Béhague.
Ou bien des personnages solitaires ou des mamans.

Ce qui me plaît, m'étonne et me ravit chez mes
filles, c'est ce qui n'est pas le strict produit d'un *croi-
sement*. Ce que je ne reconnais pas, qui ne vient ni
de Frantz, ni de moi, qui arrive d'ailleurs peut-être
d'elles.

Quand j'ai commencé à écrire ce texte, je pensais
vouloir interroger le fantasme social. Épingler la
représentation sociale comme fantasme. Le milieu
d'où nous venons et où nous imaginons aller détermine plus qu'on ne saurait l'admettre nos actions et
nos pensées. Moi la première.

À propos de mon milieu d'origine, de cet *habitus*
assez particulier, je ne pense pas qu'il soit pire qu'un
autre, sauf quand certains se croient vraiment *les
meilleurs*, prennent les mots au pied de la lettre. Et
la plupart du temps, sans en prononcer un seul.

Certains aristos vont me reprocher d'en avoir fait
des tonnes avec ce livre. Alors qu'il faudrait faire
profil bas. Je n'ai jamais compris cette expression.
Low key, non plus. Je vois une Alice géante essayant
d'introduire une clef dans la serrure d'une petite
porte au ras du sol.

On peut hériter, mes filles chéries, sans être
conservateur. Mais attention à vous, mes trois

poissons dorés, j'ai peut-être été la préférée de mon père, cela n'a pas fait de moi un garçon. Il n'est pas facile pour une fille de famille de devenir autre chose qu'une mère de famille. Sans nécessairement se transformer en personnage. Avec une perruque mauve toujours, avec une perruque mauve même après l'avoir lancée par-dessus les moulins.

Je ne défendrai pas le principe de la famille s'il autorise à ne pas être, à se reposer derrière un nom. Quel nom ? On y revient...

Mon nom de jeune fille et mon prénom auraient presque pu faire un titre. Je n'aurais pas eu à signer. Un ouvrage anonyme est parfois intrigant.

Je saisis mal la notion de *grande famille*. Ces dernières existent peut-être si existent aussi de grandes maisons pour les rassembler. Mais même alors, cela ne garantit rien, et je dirais même : au contraire.

Dans mon rêve, il n'y avait plus de murs. Et la fête n'était pas un *événement* mais la vie de tous les jours. Il n'y avait plus à faire le mur. Il n'était même pas nécessaire de frapper avant d'entrer puisque tout le monde était en même temps dedans et dehors.

Quand j'étais petite – et ça a duré jusque tard ! –, je ne frappais jamais à la porte de la chambre à coucher de mes parents avant d'entrer...

Dans le vieux parc solitaire et glacé
Deux spectres ont tout à l'heure passé.
Les yeux sont morts et leurs lèvres sont molles,
Et l'on entend à peine leurs paroles.
Dans le vieux parc solitaire et glacé
Deux spectres ont évoqué le passé
— Te souvient-il de notre extase ancienne ?
— Pourquoi voulez-vous donc qu'il m'en souvienne ?
— Qu'il était bleu, le ciel, et grand l'espoir !
— L'espoir a fui, vaincu, vers le ciel noir.

Des gens arrivent de la plaine. Un panier à la main. D'autres partent vers les bois. Je ne sais pas ce qu'ils ont cueilli ou espèrent ramasser. Je vois sous le bras de la Baigneuse, au-delà des murs et sous les arbres, des rangs de plantes qui verdoient, des frondaisons qui moutonnent, une sorte d'immense jardin ouvrier et au loin, très loin, comme le coussin d'une relique dérobée, le nuage de la pollution sur Paris.

Il fait vraiment très chaud. Je vais aller rejoindre mes filles dans le Miroir. Je n'entends plus les voitures dans l'Allée d'Honneur. Tous ceux qu'on attendait sont peut-être arrivés. S'adressent-ils seulement la parole ?

Mes filles ont-elles fait le parcours du combattant avant d'arriver à la plus grande des pièces d'eau ?

On commençait à la hauteur des sources, de l'autre côté des haies. On sautait au fond des bois dans d'antiques piscines, on s'étendait dans des baignoires creusées dans un seul morceau de grès où l'eau arrivait on ne savait d'où, bouillonnante et glacée. Il fallait parcourir un tronçon des douves en rentrant le ventre si on ne voulait pas toucher la vase et passer sous un pont en briques, poisseux de toiles d'araignée.

On devait avoir traversé un certain nombre de bassins et, sinon nagé, au moins plongé tout son corps dans l'eau d'ici et l'eau de là pour se reposer enfin dans celle du Miroir, profonde, opaque et céladon.

M'ont-elles attendue ? Je ne les entends plus.
N'ai plus qu'un désir : plonger et disparaître.

COMPOSITION FACOMPO (LISIEUX)
CET OUVRAGE A ÉTÉ ACHEVÉ D'IMPRIMER EN FRANCE
PAR CPI FIRMIN DIDOT
À MESNIL-SUR-L'ESTRÉE (EURE)
EN MARS 2013

Nº d'édition : 01 – Nº d'impression : 116184
Dépôt légal : mars 2013